Science meets Practice

Reihe herausgegeben von
Marko Sarstedt, Institut für Marketing
Ludwig-Maximilians-Universität München
München, Deutschland

Das Ziel der Reihe Science meets Practice ist es, den neuesten Stand der Forschung zu einem klar umrissenen Gebiet für Marketer aufzubereiten. Die Autoren vermitteln klare und auf den neuesten Forschungsergebnissen basierende Empfehlungen, die Marketer unmittelbar in ihrem Alltag einsetzen können. Um dieses Ziel zu erreichen, werden die Inhalte prägnant und möglichst anschaulich vermittelt, ohne jedoch an Stringenz einzubüßen. Videos und Zusatzinformationen auf Webseiten, welche über die Springer More Media-App abgerufen werden können, reichern die Inhalte an.

Kathrin Neumüller · Thomas Rudolph

Mitarbeitende inspirieren

Inspiration fördern und im Unternehmen wirkungsvoll vorantreiben

Kathrin Neumüller
Institute of Retail Management
Universität St. Gallen
St. Gallen, St. Gallen, Schweiz

Thomas Rudolph
Institute of Retail Management
Universität St. Gallen
St. Gallen, St. Gallen, Schweiz

Die Online-Version des Buches enthält digitales Zusatzmaterial, das durch ein Play-Symbol gekennzeichnet ist. Die Dateien können von Lesern des gedruckten Buches mittels der kostenlosen Springer Nature „More Media" App angesehen werden. Die App ist in den relevanten App-Stores erhältlich und ermöglicht es, das entsprechend gekennzeichnete Zusatzmaterial mit einem mobilen Endgerät zu öffnen.

ISSN 2730-714X   ISSN 2730-7158 (electronic)
Science meets Practice
ISBN 978-3-658-43345-1   ISBN 978-3-658-43346-8 (eBook)
https://doi.org/10.1007/978-3-658-43346-8

Die Deutsche Nationalbibliothek verzeichnet diese Publikation in der Deutschen Nationalbibliografie; detaillierte bibliografische Daten sind im Internet über http://dnb.d-nb.de abrufbar.

© Der/die Herausgeber bzw. der/die Autor(en), exklusiv lizenziert an Springer Fachmedien Wiesbaden GmbH, ein Teil von Springer Nature 2024

Das Werk einschließlich aller seiner Teile ist urheberrechtlich geschützt. Jede Verwertung, die nicht ausdrücklich vom Urheberrechtsgesetz zugelassen ist, bedarf der vorherigen Zustimmung des Verlags. Das gilt insbesondere für Vervielfältigungen, Bearbeitungen, Übersetzungen, Mikroverfilmungen und die Einspeicherung und Verarbeitung in elektronischen Systemen.
Die Wiedergabe von allgemein beschreibenden Bezeichnungen, Marken, Unternehmensnamen etc. in diesem Werk bedeutet nicht, dass diese frei durch jedermann benutzt werden dürfen. Die Berechtigung zur Benutzung unterliegt, auch ohne gesonderten Hinweis hierzu, den Regeln des Markenrechts. Die Rechte des jeweiligen Zeicheninhabers sind zu beachten.
Der Verlag, die Autoren und die Herausgeber gehen davon aus, dass die Angaben und Informationen in diesem Werk zum Zeitpunkt der Veröffentlichung vollständig und korrekt sind. Weder der Verlag noch die Autoren oder die Herausgeber übernehmen, ausdrücklich oder implizit, Gewähr für den Inhalt des Werkes, etwaige Fehler oder Äußerungen. Der Verlag bleibt im Hinblick auf geografische Zuordnungen und Gebietsbezeichnungen in veröffentlichten Karten und Institutionsadressen neutral.

Planung/Lektorat: Barbara Roscher
Springer Gabler ist ein Imprint der eingetragenen Gesellschaft Springer Fachmedien Wiesbaden GmbH und ist ein Teil von Springer Nature.
Die Anschrift der Gesellschaft ist: Abraham-Lincoln-Str. 46, 65189 Wiesbaden, Germany

Das Papier dieses Produkts ist recyclebar.

Springer Nature More Media App

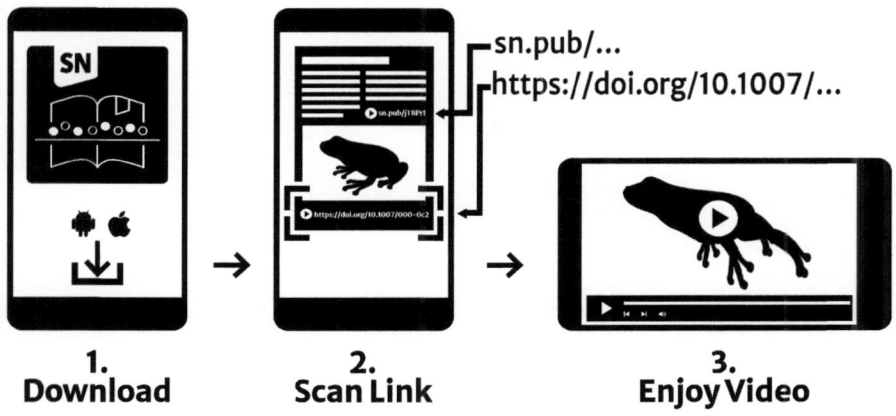

Support: customerservice@springernature.com

Vorwort

In unseren turbulenten Zeiten sind Unternehmen zunehmend gefordert, interne Veränderungsprozesse – sprich Transformationen – frühzeitig zu antizipieren und anzustoßen. Eine erfolgreiche Transformation erfordert die aktive Mitwirkung aller Mitarbeiter*innen, denn als „Agenten des Wandels" tragen die Mitarbeitenden maßgeblich dazu bei, ob die unternehmensinterne Transformation erfolgreich umgesetzt werden kann. Inspiration bietet Unternehmen neue Chancen, die Veränderungsbereitschaft der Mitarbeitenden für Transformation im Unternehmen zu steigern. Dazu soll unser *Science meets Practice-Band* einen Beitrag leisten, indem er unsere Forschungsergebnisse zum Thema Inspiration aus Mitarbeiterperspektive unternehmerisch greifbar macht. Wesentliche Grundlage bildet hierbei die Promotionsschrift von Kathrin Neumüller zum Thema „Frontline Employee Inspiration in Retailing – Conceptualization, Measurement, Sources, and Customer Outcomes" an der Universität St. Gallen (Neumüller, 2022).

Das vorliegende *Science meets Practice* zeigt erstmalig, wie Mitarbeitende Inspiration bei der Arbeit erfahren und verschiedene Inspirationsquellen in ihrem Arbeitskontext wahrnehmen. Es vermittelt den Leser*innen einen prägnanten und pointierten Einblick in das Konzept der Inspiration und unterstützt Manager*innen mit praxisnahen Hinweisen, Tools und Modellen dabei, eine inspirative Kultur in ihrem Unternehmen zu etablieren, um so deren Transformation voranzutreiben. Aktuelle Unternehmensbeispiele illustrieren unsere empirischen Erkenntnisse und sollen Sie bei der Einführung von Inspirationsmaßnahmen unterstützen.

St. Gallen   Kathrin Neumüller
im August 2024   Thomas Rudolph

Was Sie in diesem *Science meets Practice* finden können

Unternehmen müssen sich öfter an neue Marktgegebenheiten anpassen. Das hohe Tempo an Veränderungsgeschwindigkeit fordert neue Ziele und Konzepte in der Führung von Mitarbeitenden. Mitarbeiterinspiration als neues Konzept ermöglicht es Unternehmen, Veränderungen nicht nur schneller, sondern auch erfolgreicher umzusetzen. Als neues Konzept kann Mitarbeiterinspiration wertvolle Impulse vermitteln, um die Veränderungsbereitschaft von Mitarbeitenden zu stärken. Dieses *Science meets Practice* bietet:

- Die neuesten Forschungsergebnisse zur Rolle von Inspiration im Zuge disruptiver Veränderungen der Unternehmensstrategie.
- Empirische Evidenz, wie Inspiration auf Mitarbeitende und das Unternehmen wirkt.
- Einen praktischen Ansatz, wie Manager*innen Inspiration im Unternehmen fördern können.

Inhaltsverzeichnis

1	**Mitarbeitende inspirieren in Zeiten disruptiver Veränderungen**	**1**
	1.1 Unternehmen im Umbruch	1
	1.2 Warum Mitarbeitende inspirieren?	3
	1.3 Für welche Unternehmen ist Mitarbeiterinspiration geeignet?	5
	1.4 Mehrwert und Aufbau dieses Buches	6
2	**Theorie und empirische Ergebnisse**	**7**
	2.1 Der Ursprung der Inspiration	7
	2.2 Inspiration als Motivation	10
	2.3 Definition von Mitarbeiterinspiration	11
	2.4 Auswirkungen von inspirierten Mitarbeitenden auf Unternehmen	14
3	**Mitarbeitende inspirieren – aber wie?**	**19**
	3.1 Schritt 1: Messung des Mitarbeiterinspirationsniveaus	20
	3.2 Schritt 2: Identifikation der Inspirationsquellen	25
	3.3 Schritt 3: Ableitung von Maßnahmen zur Inspirationssteigerung	29

3.4 Schritt 4: Beurteilung der Wirksamkeit von
     Inspirationsmaßnahmen   37

**Was Sie aus diesem *Science meets Practice*
mitnehmen können**   39

Literatur   41

Über die Autoren

Kathrin Neumüller arbeitet als Expertin für Mitarbeiterinspiration und -empowerment und als Projektleiterin bei ValueQuest, einem innovativen Schweizer Markt- und Meinungsforschungsunternehmen – führend bei Mitarbeiterbefragungen, 360° Führungsfeedback und Vorgesetztenbeurteilungen. Zuvor war sie Postdoctoral Researcher und Projektleiterin an der Universität St. Gallen. Sie promovierte am Forschungszentrum für Handelsmanagement der Universität St. Gallen zum Thema „Frontline Employee Inspiration in Retailing – Conceptualization, Measurement, Sources, and Customer Outcomes." In ihrer Arbeit untersuchte sie, wie Einzelhandelsmitarbeitende Inspiration in ihrem Arbeitsalltag erfahren, durch welche Quellen diese hervorgerufen wird und wie sich Inspiration auf Mitarbeitende und auf die Kundeninteraktionen auswirkt. Sie studierte an University of St. Andrews und an der University of Cambridge. In der Praxis war sie unter anderem für die Vereinten Nationen auf Kuba und den Bahamas tätig und arbeitete mehrere Jahre in der Managementberatung.

Thomas Rudolph ist Professor für Betriebswirtschaftslehre und Marketing sowie Direktor des Forschungszentrums für Handelsmanagement an der Universität St. Gallen. Er steht dem Gottlieb-Duttweiler-Lehrstuhl für

Internationales Handelsmanagement vor und leitet das St. Galler Retail Lab, welches wissenschaftliche Erkenntnisse der Praxis in Form von Research Workshops, Lehrveranstaltungen und Zertifikatsprogrammen näherbringt. Zuvor lehrte er 1998 als Gastprofessor an der Brigham Young University in Utah, 2001 an der University of Florida, 2006 an der ESADE in Barcelona und 2008 an der Massey University in Auckland. Thomas Rudolph ist Verfasser von mehr als 20 Büchern und über 350 Artikeln zu Marketing- und Handelsthemen in renommierten Zeitschriften wie beispielsweise dem Journal of Marketing, dem Journal of Retailing, dem Journal of the Association for Consumer Research oder dem Harvard Business Manager. Als Verwaltungsrat namhafter internationaler Unternehmen, Coach und Experte steht er in engem Kontakt mit den Medien und der Praxis.

1

Mitarbeitende inspirieren in Zeiten disruptiver Veränderungen

1.1 Unternehmen im Umbruch

Wie können Unternehmen in einem dynamisch-disruptiven Marktumfeld das Denken, Handeln und Verhalten ihrer Mitarbeitenden zukunftsfähiger machen? Wie können sie das volle Potential ihrer Mitarbeitenden entfalten, um deren Bereitschaft für bevorstehende Veränderungsprozesse zu erhöhen? Und wie kann der Faktor Mensch dazu beitragen, dass sich Unternehmen mit Serviceleistungen von der Konkurrenz abheben? Viele Branchen sehen sich mit einem zunehmend kompetitiven Marktumfeld konfrontiert: Darunter auch der Einzelhandel, denn dieser muss sich im Zeitalter von Omni-Channel-Management und Social Commerce neu erfinden. Kund*innen werden immer anspruchsvoller und halten sich aufgrund der Inflation bei nicht notwendigen Anschaffungen zurück. Technologische Fortschritte, wie der verstärkte Technologieeinsatz am Point of Sale (z. B. robotergestützte Abläufe oder der Einsatz von KI-Tools, wie ChatGPT, Drohnen oder das Einkaufen via RFID und Bluetooth-Beacons), setzen neue Automatisierungspotentiale frei. Die Mitarbeitenden sind der zentrale Treiber in diesen Veränderungsprozessen. Um diese

„Selbstdisruption" (Rudolph & Schweizer, 2019) von Unternehmen durch Mitarbeitende geht es in diesem *Science meets Practice*. Im Folgenden stellen wir Ihnen das Konzept der Mitarbeiterinspiration vor und damit einen neuen Managementansatz auf, um die Bereitschaft und Fähigkeit der Mitarbeitenden für eine erfolgreiche Transformation zu fördern.

Um im heutigen Wettbewerbsumfeld zu bestehen, braucht es innovative Ideen, die zu Transformationen im Unternehmen führen. Unternehmen müssen Veränderungsprozesse bzw. Transformationen initiieren – sie müssen selbst zu „Disruptoren" (Rudolph & Schweizer, 2019) werden. Innovationen entstehen jedoch nicht nur in den Führungsetagen. Vielmehr sind sie ein Gemeinschaftsakt aller Mitarbeitenden und können stufenübergreifend in allen Unternehmensbereichen – beispielsweise in den Filialen – entstehen. Aus diesem Grund sollten Unternehmen die Transformationsbereitschaft all ihrer Mitarbeitenden fördern. Heißt: Um innovative Ideen zu gewinnen und erfolgreich Transformationen einzuleiten und umzusetzen, sind Unternehmen auf die Eigeninitiative und Leistungsbereitschaft ihrer Mitarbeitenden angewiesen. Mitarbeitende nehmen als Ideengeber und Agenten des Wandels besonders in disruptiven Zeiten eine wichtige Rolle ein. Sie sollten den Herausforderungen und Ansprüchen einer zunehmend vernetzten und digitalisierten Arbeitswelt offen gegenüberstehen. Zugleich sollten sie gewillt sein, ihr Wissen zu teilen und aktiv an notwendigen Transformationsprozessen mitzuwirken, welche die vierte industrielle Revolution (engl. Industry 4.0) mit sich bringt (Xia & Wai Li, 2022). Die Chancen einer Transformation können nur dann genutzt werden, wenn Unternehmen eine inspirierende Unternehmenskultur schaffen.

Mitarbeitenden nehmen bei unternehmensinternen Veränderungsprozessen eine zentrale Rolle ein. Nichtsdestotrotz – oder genau deswegen – scheitern rund 70 % der Veränderungsinitiativen am Widerstand der Belegschaft (Beer & Nohria, 2000). Zumeist reagieren Mitarbeitende mit Unwillen auf bevorstehende Veränderungsprozesse. Eine Ursache besteht laut der aktuellen Gallup-Studie (Gallup, 2023a) in der mangelnden oder nur geringen Verbundenheit vieler Mitarbeitenden gegenüber ihren Arbeitgebern, was in Deutschland etwa auf 87 % aller Arbeitnehmenden zutrifft. Für sie ist ihr Arbeitgeber zunehmend austauschbar, die emotionale Bindung fällt gering aus und sie zeigen wenig Eigeninitiative, Leistungsbereitschaft und Verantwortungsbewusstsein (Gallup, 2023b).

1.2 Warum Mitarbeitende inspirieren?

Mitarbeiterumfragen und Personalstrategien messen in der Regel die *Zufriedenheit* und das *Engagement* von Mitarbeitenden. Zufriedene und engagierte Mitarbeitende sind in einem zunehmend dynamisch-disruptiven Marktumfeld kein Erfolgsgarant für wirtschaftliche Leistungsfähigkeit: Sie halten eher am Status-quo fest und sind nicht automatisch dazu bereit, ihr Denken und Handeln den neuen Herausforderungen anzupassen und proaktiv an internen Transformationsprozessen mitzuwirken. Über ihre Bereitschaft, aktiv Veränderungen im Unternehmen anzugehen, neue Chancen zu erkennen und über bestehende Aufgabenanforderungen hinauszuwachsen, sagen Mitarbeiterzufriedenheit und -engagement recht wenig aus (Cui et al., 2020, 2001; Nair et al., 2022; Reese et al., 2023; Straume & Vittersø, 2012; Thrash, 2020). Bestehende Personalkonzepte wie Mitarbeiterzufriedenheit oder Mitarbeitermotivation greifen daher zu kurz, um die Veränderungsbereitschaft von Mitarbeitenden – gerade in einem dynamisch-disruptiven Marktumfeld – zu steigern. Heutzutage sind Mitarbeitende gefragt, die proaktiv und schnell auf disruptive Veränderungen im Marktumfeld mit neuen Ideen reagieren wollen.

Mitarbeiterinspiration bietet hierfür einen neuartigen Ansatz.[1] Im unternehmerischen Kontext beschreibt Mitarbeiterinspiration, wie Mitarbeitende auf Veränderungen im Marktumfeld reagieren, ihr Handeln proaktiv den Kundenbedürfnissen und Unternehmensanforderungen

---

[1] Aus Gründen der Leserfreundlichkeit werden englische Begriffe, wie „employee inspiration", „employee engagement" und „employee satisfaction" ohne eine geschlechterspezifische Differenzierung als „Mitarbeiterinspiration", „Mitarbeiterengagement" und „Mitarbeiterzufriedenheit" übersetzt. Entsprechende Begriffe gelten stets für alle, inklusive non-binäre Geschlechter.

anpassen und neue Verhaltensweisen entwickeln. Werden Mitarbeitende (z. B., von Kolleg*innen, von der Führungskraft, von der Unternehmensvision) inspiriert, so weitet sich ihr Bewusstsein und sie fühlen sich dazu angeregt, diese neuen Impulse und Ideen gewinnbringend für das Unternehmen umzusetzen (z. B. die Kundschaft serviceorientierter zu beraten und kreativere Lösungen zu finden). Vor diesem Hintergrund sollte Mitarbeiterinspiration als wichtige Zielgröße bei der Führung von Unternehmen mehr Beachtung finden.

Wir wollen diese Aussagen mit Ergebnissen aus der aktuellen Forschung abgleichen. In ihrer Forschungsarbeit zeigt Neumüller empirisch, dass Mitarbeiterinspiration eine relevante Zielgröße für Unternehmen in einem hochdynamischen Wettbewerbsumfeld sein sollte. Die Forschungsarbeit zeigt auf, dass bereits etablierte Messskalen wie Mitarbeiterzufriedenheit und Mitarbeiterengagement im vorliegenden Kontext nur beschränkt aussagekräftig sind, denn ein hohes Niveau an Zufriedenheit oder Engagement führt nicht zwangsläufig dazu, dass Mitarbeitende proaktiv Wandel im Unternehmen vorantreiben (Neumüller, 2022). Inspirierte Mitarbeitende sind wesentlich proaktiver und kreativer dabei, Wandel im Unternehmen anzustoßen und kreative Lösungen zu finden – dies im Gegensatz zu Mitarbeitenden, welche „nur" zufrieden oder engagiert handeln (Neumüller, 2022). Denn die Zufriedenheit oder das Engagement der Mitarbeitenden sagt den Studienergebnissen zufolge nichts über deren Kreativität oder Proaktivität, internen Wandel zu begleiten, aus (keine signifikante Korrelation). Inspirierte Mitarbeitende sind sogar 76 % motivierter als ihre weniger inspirierten Kolleg*innen. Auch im Hinblick auf Proaktivität und Kreativität sind inspirierte Mitarbeitende eine wichtige Ressource für Unternehmen im Umbruch: Inspirierte Mitarbeitende sind 45 % kreativer und 55 % proaktiver als ihre kaum inspirierten (Neumüller, 2022).

Auch am Point of Sale haben inspirierte Mitarbeitende einen positiven Einfluss: Werden Kund*innen von einem inspirierten Mitarbeitenden bedient, so erfahren sie selbst auch mehr Inspiration, generieren mehr Umsatz und kehren mit höherer Wahrscheinlichkeit zum Händler zurück. Im Vergleich zu einem nicht inspirierten Mitarbeitenden fällt es inspirierten Mitarbeitenden wesentlich leichter, ihre Kund*innen zu inspirieren – und dies mit positiven Auswirkungen auf spontane Mehrkäufe (Böttger et al., 2017). Inspirierte Mitarbeitende wirken zu 47 % inspirierender auf Kund*innen am Point of Sale als kaum inspirierte Mitarbeitende. Wenn Mitarbeitende ihre Inspiration auf Kund*innen übertragen können, so tätigen diese rund 22 % häufiger einen Impulseinkauf, als wenn sie nur von einem uninspirierten, emotional neutralen Mitarbeitenden bedient werden (Neumüller, 2022). Ähnlich sind die Ergebnisse im Hinblick auf Kundenbindung: Schaffen es Handelsunternehmen ihre Mitarbeitende zu inspirieren und können diese inspirierten Mitarbeitenden ihre Inspiration am Point of Sale an die Kundschaft weitergeben, so ist die Wahrscheinlichkeit um 43 % höher, dass die Kund*innen zum Händler zurückkehren (Neumüller, 2022, S. 159–162).

1.3 Für welche Unternehmen ist Mitarbeiterinspiration geeignet?

Der Nutzen von Mitarbeiterinspirationsmaßnahmen ergibt sich aus dem Veränderungsdruck in vielen Unternehmen sowie aus dem häufig sehr tiefen Niveau an Mitarbeiterinspiration. Zur Ermittlung dieses Niveaus haben wir eine Skala entwickelt, die wir in Abschn. 3.1 erläutern. Ein tiefer Innovations- und Veränderungsdruck (beispielsweise Monopolsituation) macht die Unternehmenstransformation, und damit auch Mitarbeiterinspirationsmaßnahmen, weniger notwendig als ein hoher Veränderungsdruck. Befinden sich Unternehmen in einem dynamisch-disruptiven Marktumfeld und spüren sie aufgrund dessen einen hohen Veränderungsdruck, so können Inspirationsmaßnahmen eine Möglichkeit sein, um nachhaltig die Transformationsbereitschaft ihrer Mitarbeitenden zu steigern.

1.4 Mehrwert und Aufbau dieses Buches

Die Managementliteratur bietet eine breite Auswahl an Fachliteratur über inspirierende Führungsstile (z. B. Bain & Company, 2020; Innerhofer & Innerhofer, 2022; Wollmann, 2023). Zumeist ging es dabei um die inspirativen Fähigkeiten von Führungspersonen. Die Frage „Wie können Führungskräfte ihre Vision charismatisch vermitteln, um ihre Mitarbeitenden zu mehr Leistung anzuspornen?" steht dabei zumeist im Vordergrund. Doch Inspiration ist weit mehr als ein Führungsstil – sie umfasst das individuelle Erleben von inspirierenden Momenten jedes einzelnen Mitarbeitenden. Inspiration aus dieser psychologischen Perspektive zu betrachten, erlaubt es uns, den Mitarbeitenden selbst (und nicht die Führungsperson) in den Mittelpunkt zu stellen. Denn laut Neumüller (2022) werden Mitarbeitende nicht nur von ihrer Führungsperson inspiriert, sondern von vielerlei Quellen aus ihrem privaten und arbeitsbezogenen Umfeld. So können auch die vom Unternehmen vertriebenen Produkte oder Dienstleistungen aufgrund ihrer Qualitätsanmutung oder ihres Werteversprechens eine inspirierende Wirkung auf die Mitarbeitenden ausüben. Gleichermaßen können die Unternehmenswerte (z. B. Nachhaltigkeit, Kundenorientierung) Mitarbeitende inspirieren. Der psychologische Ansatz erlaubt es, uns der Frage anzunähern, wie Mitarbeitende Inspiration in ihrem Arbeitsalltag unabhängig von einer Führungskraft erleben. Zudem ermöglicht uns dieser Ansatz, zu messen, wie sich dieses Erleben von Inspiration auf die Verhaltensweisen, Empfindungen und Einstellungen von Mitarbeitenden auswirkt.

Wir haben den vorliegenden *Science meets Practice-Band* in vier Kapitel unterteilt. Kap. 1 beschreibt die derzeitigen Herausforderungen eines dynamisch-disruptiven Marktumfeldes. Mitarbeiterinspiration ist ein vielversprechender Lösungsansatz, um sowohl die Motivation und noch viel wichtiger die Transformationsbereitschaft von Mitarbeitenden zu steigern. Kap. 2 geht auf die theoretischen Grundlagen ein. Dabei erklären wir, wie Inspiration zustande kommt und welche Auswirkungen sich daraus für das Management ergeben. In Kap. 3 präsentieren wir ein Stufenkonzept zur erfolgreichen Stärkung von Mitarbeiterinspiration. Daraus können Sie konkrete, praxisorientierte Handlungshinweise ableiten.

2

Theorie und empirische Ergebnisse

> **Was Sie in diesem Kapitel erwartet**
>
> - Einblicke, wie Mitarbeitende Inspiration wahrnehmen
> - Ein Überblick zu den Forschungsergebnissen und eine Definition von Mitarbeiterinspiration im unternehmerischen Kontext
> - Hinweise zu den wichtigsten Inspirationsquellen
> - Eine Beschreibung der Auswirkungen von Inspiration auf die Verhaltensweisen und Einstellungen von Mitarbeitenden

2.1 Der Ursprung der Inspiration

In der Antike wurde Inspiration oft als Muse beschrieben, die auf die Erde herabsteigt, um ihre kreativen Ideen in die Ohren der Sterblichen zu flüstern. So steht Paul Cézannes „Kuss der Muse" emblematisch für

---

Ergänzende Information Die elektronische Version dieses Kapitels enthält Zusatzmaterial, auf das über folgenden Link zugegriffen werden kann https://doi.org/10.1007/978-3-658-43346-8_2. Die Videos lassen sich durch Anklicken des DOI Links in der Legende einer entsprechenden Abbildung abspielen, oder indem Sie diesen Link mit der SN More Media App scannen.

© Der/die Autor(en), exklusiv lizenziert an Springer Fachmedien Wiesbaden GmbH, ein Teil von Springer Nature 2024
K. Neumüller und T. Rudolph, *Mitarbeitende inspirieren,* Science meets Practice, https://doi.org/10.1007/978-3-658-43346-8_2

Abb. 2.1 Kuss der Muse (Paul Cézanne). (Quelle: Paul Cézanne – Kiss of the Muse, c. 1863. Wikimedia). Was genau ist Mitarbeiterinspiration? Ein Interview mit der Autorin Dr. Kathrin Neumüller. Bitte verwenden Sie zum Abspielen dieses Videos die SN More Media-App und scannen Sie die folgende DOI: https://doi.org/10.1007/000-bfx

die Idee, dass die Muse den Schaffenden küsst und ihm/ihr damit ihre Ideen übermittelt (Abb. 2.1). Die Muse wird bei Cézanne als Engel verkörpert, denn für den Künstler war Inspiration eine göttliche Kraft. Wann immer die Sterblichen auf den Rat der Musen hörten, waren sie dazu fähig, wundervolle Kunstwerke zu schaffen (Leavitt, 1997). Dem lateinischen Ursprung („inspiratio") nach, kann unter Inspiration eine „Eingebung", eine „Beseelung" oder ein „Einhauchen" verstanden werden (Shiota et al., 2014). Daher gilt Inspiration als etwas kaum Fassbares und erfuhr in der Betriebswirtschaftslehre bislang kaum Interesse (Cui et al., 2020; Kaufman, 2011; Souitaris et al., 2007; Thrash, 2020).

Inspiration hat mittlerweile auch in der Unternehmenswelt Einzug gehalten (Peretz, 2021). So haben vereinzelt erfolgreiche

Dienstleistungs- und Handelsunternehmen damit begonnen, ihre Mitarbeitenden durch einen gesellschaftlichen Purpose oder eine Vision zu inspirieren. Der Sportartikelhersteller Nike verankert Mitarbeiterinspiration beispielsweise in seiner Unternehmenskultur und betont, dass inspirierte Mitarbeitende über bestehende Ziele hinausgehen, kreativer sind und ihre Inspiration an die Kund*innen weitergeben: „When our teams feel [...] inspired, they turn that creativity into innovation to serve our athletes globally and deliver against our goals [...] and do their best at work every day." (www.jobs.nike.com). Doch nicht nur für Nike stellt Inspiration einen Grundpfeiler der Unternehmenskultur dar, sondern auch für den Möbelhändler IKEA. IKEA-Mitarbeitende teilen die gleiche Vision, „den vielen Menschen einen besseren Alltag zu schaffen". Um Mitarbeitende langfristig an sich zu binden, bietet der Möbelhändler seinen Mitarbeitenden ein „inspirierendes, dynamisches Umfeld" an (www.ikea.com). Sogenannte Purpose-Unternehmen wie Unilever setzen InspirationsWorkshops dazu ein, damit Mitarbeitende in diesen ihre persönliche Inspiration entdecken können und so ihr volles Potential gewinnbringend für das Unternehmen entfalten (Nair et al., 2022).

Während diese Vorreiter eine inspirative Unternehmenskultur fördern, ist dieser Ansatz den meisten anderen Unternehmen kaum bekannt – oder findet zumindest keine nennenswerte Anwendung. So ergab eine Praxisstudie, dass sich rund 70 % der Mitarbeitenden bei der Arbeit kaum oder gar nicht inspiriert fühlen (Darnell & Markey, 2018). Dies kann wiederum zu einer geringeren Serviceleistung von Mitarbeitenden und damit auch zu Produktivitäts- und Rentabilitätseinbußen im Unternehmen führen. Obgleich Inspiration mittlerweile recht häufig und mit steigender Wichtigkeit verwendet wird, bleibt der Begriff unscharf. Oftmals wird der Begriff anekdotisch ohne klare Abgrenzung zu Motivation, Engagement, Begeisterung oder Leidenschaft eingesetzt. Die aktuelle Inspirationsforschung von Neumüller (2022) geht auf ebendiese Lücke ein. Wir zeigen, dass gerade inspirierende Erlebnisse und Visionen uns auch im Berufsleben beeinflussen und dort die Kraft besitzen, unser Handeln, Denken und Fühlen zu verändern.

2.2 Inspiration als Motivation

Warum arbeiten wir? Was treibt uns an? Die Zielsetzungstheorie schlägt vor, dass wir vom Wunsch angetrieben werden, Ziele durch unsere Willenskraft und Anstrengung zu erreichen (Locke & Latham, 1990). Weiterhin beschreibt die Selbstbestimmungstheorie, dass Motivation dadurch entsteht, dass wir selbstbestimmt handeln können und Spaß aus einer Tätigkeit schöpfen (Ryan & Deci, 2000). Doch manche Dinge entziehen sich unserer Willenskraft – z. B. der spontane Einfall, der uns beim Arbeiten kommt, oder die Kollegin, die uns durch ihre Kompetenzen als Vorbild dient. Genau das ist Inspiration. Es handelt sich dabei um horizonterweiternde Ideen, Aha-Momente und Visionen, die unser Bewusstsein ohne unser willentliches Zutun erreichen und in uns den Wunsch nach Veränderung und Handlung wecken.

Bisher setzten sich insbesondere Forscher in managementfernen Disziplinen, wie beispielsweise der Theologie, der Philosophie oder der Psychologie, mit Inspiration auseinander. Die Psychologen Thrash und Elliot (2003) stellten fest, dass inspirierende Momente über verschiedene wissenschaftliche Disziplinen hinweg drei Kerneigenschaften haben: Evokation, Transzendenz und Motivation. Inspiration wird spontan, ohne Absicht *hervorgerufen* (Evokation). Wir können Inspiration also nicht erzwingen. Inspiration bedeutet auch eine erkenntniserweiternde – *transzendente* – Erfahrung, denn wir erfahren einen Moment der Klarheit und werden uns neuer Möglichkeiten bewusst, die uns unseren Zielen näherbringen. Dieser Moment der Klarheit ist oft lebendig und kann die Form einer großen Vision oder eines „Sehens" von etwas annehmen, das man noch nie zuvor wahrgenommen hat (Thrash, Maruskin et al., 2010). Schließlich führt Inspiration zu einer starken *Motivation,* bei der Menschen danach streben, die neu gewonnene Idee oder Vision zu übermitteln, auszudrücken oder zu verwirklichen. Das bedeutet auch, dass Inspiration ähnlich zur Motivation ist und einen motivierenden Bestandteil hat.

Jedoch ist Inspiration klar von der Motivation abzugrenzen. Zwar teilen sich Motivation und Inspiration einen motivierenden Impuls, jedoch wird Inspiration durch eine horizonterweiternde

(d. h. transzendente) Vision oder spontane Idee hervorgerufen (d. h. Evokation). Bei Motivation handelt es sich dahingegen um eine längerfristige Triebkraft, die ohne eine Erkenntniserweiterung die Richtung und Intensität unseres Handels bestimmt (Ng et al., 2021; Ryan & Deci, 2000). Mitarbeitende können zwar für ihre Arbeit hochmotiviert sein, es könnte ihnen aber die Inspiration fehlen: die zündende Idee oder Vision, wie sie ihre Aufgaben noch besser machen könnten (Oleynick et al., 2014).

Auch gilt es, Mitarbeiterinspiration von Mitarbeiterzufriedenheit abzugrenzen: Im Gegensatz zu Mitarbeiterinspiration beschreibt Zufriedenheit eine positive Einstellung des Mitarbeitenden zur Arbeit. Ist ein Mitarbeitender zufrieden, so nimmt er seine Arbeitsbedingungen (z. B. den Vorgesetzten, das Gehalt oder die Kolleg*innen) verglichen mit seinen Erwartungen positiv wahr. Ein hohes Maß an Arbeitszufriedenheit bedeutet, dass die Wünsche der Mitarbeitenden erfüllt sind und sie sich wohlfühlen (Bowen & Schneider, 2014).

> **Begriffliche Abgrenzung der Inspiration von Motivation und Zufriedenheit**
>
> Motivierte Mitarbeitende kommen gerne zur Arbeit und schöpfen daraus Freude. Inspirierte Mitarbeitende entwickeln darüber hinaus die Fähigkeit, auf disruptive Veränderungen mit neuen Verhaltensweisen proaktiv zu reagieren. Motivierte Mitarbeitende sind „gegenwartsfokussiert" – sie haben Spaß an der Ausführung ihrer Tätigkeiten im Hier und Jetzt (Grant, 2008). Im Gegensatz dazu sind inspirierte Mitarbeitenden zukunftsorientiert. Es geht ihnen darum, neue Ideen einfließen zu lassen und Verbesserungen herbeizuführen (Thrash, 2020). Während zufriedene Mitarbeitende an ihrer Routine festhalten, „sehen" inspirierte Mitarbeitende neue Möglichkeiten und passen sich mittels neuen Verhaltensformen an (Neumüller, 2022).

2.3 Definition von Mitarbeiterinspiration

Mehr als Mitarbeitende zufriedenzustellen, sie zu engagieren oder sie mit spannenden Aufgaben zu motivieren, geht es bei Mitarbeiterinspiration darum, das Bewusstsein von Mitarbeitenden für Neues zu weiten, sie für neue Impulse aus ihrem Umfeld zu öffnen und sie dazu zu bewegen, diese neuen Impulse und Ideen für das Unternehmen gewinnbringend umzusetzen. Um zu verstehen, was Mitarbeitende unter Inspiration verstehen, haben wir qualitative Interviews mit 24 Mitarbeitenden aus dem Einzelhandel durchgeführt und ausgewertet. Auf der Basis bestehender Literaturbeiträge (Böttger et al., 2017; Shiota et al., 2014) und den von uns durchgeführten 24 Interviews im Handel, definieren wir Mitarbeiterinspiration wie folgt:

> **Definition der Mitarbeiterinspiration**
> Mitarbeiterinspiration ist ein motivationaler Zustand, bei dem Mitarbeitende neue Erkenntnisse und Ideen gewinnen und diese für das Unternehmen gewinnbringend umsetzen (Neumüller, 2022).

Mitarbeiterinspiration läuft in zwei Phasen ab: Die Inspirationsgenerierung (inspired by) und die Inspirationsumsetzung (inspired to). Dabei werden Mitarbeitende zunächst *von* einer Quelle inspiriert. Beispielsweise kann die Zukunftsvision eines Unternehmens oder eine neue Idee von einer Kollegin zu Inspiration führen. Der Inspirationsgenerierung folgt die Inspirationsumsetzung: Hier werden die Mitarbeitenden *zu* einer Handlung inspiriert. Inspiration wird von den Mitarbeitenden spontan erfahren. Hierbei erleben Mitarbeitende einen Impuls, um die neue Idee am Arbeitsplatz umzusetzen oder auf eine Vision hinzuarbeiten: sie werden *zu* einer Handlung inspiriert (inspired to). Mitarbeitende können beispielsweise dazu inspiriert sein, sich vertiefte Produktkenntnisse anzueignen, ihre Kundschaft besser zu beraten oder die Ware attraktiver zu präsentieren. Wie aus unseren Interviews hervorging, inspiriert IKEAs Unternehmensvision, „den vielen Menschen einen besseren Alltag schaffen" ihre Mitarbeitenden dazu, tagtäglich Kund*innen kreative Ideen für ihr Zuhause zu vermitteln.

Mitarbeiterinspiration kann zudem anhand von drei Merkmalen – Transzendenz, Evokation und Motivation – von anderen Mitarbeiterverhaltensweisen und -einstellungen unterschieden werden. Mitarbeiterinspiration wird von einer Quelle im Mitarbeiterumfeld hervorgerufen. Dabei haben Mitarbeitende einen neuen Einfall oder eine

Vision (z. B. eine Idee oder einen neuen Lösungsansatz) und fühlen sich dazu angeregt, diese neu gewonnenen Ideen am Arbeitsplatz zu verwirklichen. So erzählt ein Filialleiter einer großen Schweizer Supermarktkette, dass er die Idee (Transzendenz) für eine Weihnachtsdekoration aus einer Fernsehsendung bekommen hatte (Evokation), an die er sich Monate später erinnerte. Diese neue Idee setzte der Filialleiter dann in seiner Supermarktfiliale um, um so mehr Kund*innen anzulocken (Motivation).

Ein Filialleiter (mit Kundenkontakt) einer großen Schweizer Supermarktkette erzählt:

„Ich habe einmal im Fernsehen eine Schlagersendung mit Holzhäuschen als Dekoration gesehen. Ich fand das damals sehr schön. Zu einem späteren Zeitpunkt ist mir dieses Bild wieder in Erinnerung gekommen. Damals dachte ich mir, dass wir unser Einkaufszentrum in diesem Stil für Weihnachten dekorieren können. Diese kleinen, herzigen Holzhäuser geben eine schöne Atmosphäre. Die Schlagersendung war zwar ein anderer Kontext, dennoch war sie ausschlaggebend für meine Inspiration, den Weihnachtsmarkt im Einkaufszentrum zu gestalten."

Ein Fachleiter in einer Schweizer Supermarktkette erzählt:

„Inspiration von Mitarbeitenden bedeutet für mich vor allem, dass Mitarbeitende motiviert sind, Dinge zu verkaufen. Sie lassen sich einerseits intern inspirieren – von neuen Dienstleistungen oder Produktinnovationen. Inspiration bedeutet aber auch, dass sie sich von Kund*innen inspirieren lassen, was sie wieder in unser Unternehmen hineingetragen wird, um das Unternehmen weiterzubringen."

Eine Verkaufsmitarbeitende bei einem Handelsunternehmen im Kosmetikbereich erzählt zudem:

„Inspiration am Arbeitsplatz kommt durch Inputs von Kolleg*innen, aber auch von Kund*innen und Menschen, denen ich im Alltag begegne. […] Inspiration – das kann auch ein Vorgesetzter oder eine Chefin sein. Wir bekommen diese Inspiration auch mit Looks zum Schminken oder Verkaufstechniken. Diese probiere ich dann aus und gebe sie an meine Kolleg*innen weiter."

Die Ergebnisse von Neumüller (2022) legen nahe, dass Inspiration weit mehr ist, als ein Führungstool darstellt, um Mitarbeitende zu mehr Leistung zu bewegen. Vielmehr ist Inspiration ein subjektiv empfundener Zustand, den jede(r) Mitarbeitende(r) anders erfährt. Inspirierende Momente treten spontan auf – ohne, dass wir sie erzwingen können. Inspiration kann im Unternehmen gefördert werden, in dem Unternehmen einerseits Mitarbeitende, die offen für Inspiration sind, rekrutieren. Andererseits kann ein Unternehmen die Inspiration gezielt fördern, beispielsweise, indem es eine inspirative Unternehmenskultur vorlebt.

2.4 Auswirkungen von inspirierten Mitarbeitenden auf Unternehmen

2.4.1 Inspiration aus der Mitarbeiterperspektive

Dieses Kapitel beschreibt die Auswirkungen von Mitarbeiterinspiration im Unternehmen. Inspiration wirkt sich positiv auf das Verhalten und Einstellungen von Mitarbeitenden aus – das zeigt unsere zweite Studie mit 231 Verkaufsmitarbeitenden in den USA (37 % waren männliche Teilnehmer; das Durchschnittsalter betrug 28 Jahre) (Neumüller, 2022). Gleichzeitig fühlen sich inspirierte Mitarbeitende stärker empowert, sind mit ihrer Arbeit zufriedener und sind generell engagierter. Inspirierte Verkaufsmitarbeitende fühlen sich zudem motivierter und sind positiver gelaunt, kreativer und proaktiver als weniger inspirierte Kolleg*innen (siehe Abb. 2.2).

Beratungsorientierte Unternehmen profitieren von inspirierten Mitarbeitenden am Point of Sale, da diese im Kundengespräch neue, kreative Servicelösungen generieren (z. B. Kund*innen bei Ernährungsproblemen helfen), besser auf Kundenbedürfnisse eingehen, Kund*innen innovative Problemlösungen bieten und beispielsweise das Erscheinungsbild des Ladens durch kreative Warenpräsentationen verbessern. Aber auch inspirierte Mitarbeitende, welche nicht verkaufen, können für ihr Unternehmen viel Positives bewirken, weil inspirierte Mitarbeitende proaktiver neue Aufgaben angehen und umsetzen: Sie

2 Theorie und empirische Ergebnisse

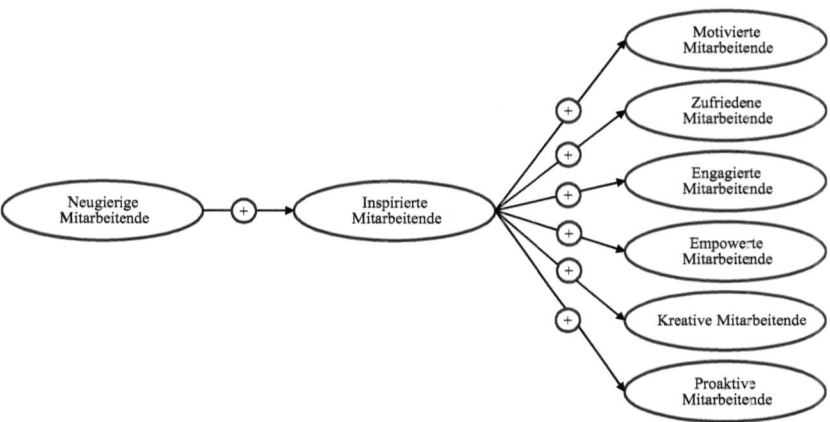

Abb. 2.2 Modell der Mitarbeiterinspiration[1]. (Quelle: Neumüller, 2022)

verändern Prozesse, erkennen neue Leistungsangebote und setzen sich für Veränderungsprozesse im Unternehmen ein. Im folgenden Absatz beschreiben wir die positiven Auswirkungen des neuen Konstruktes der Mitarbeiterinspiration literaturgeleitet.

Neugierige Menschen eignen sich gerne neues Wissen an, sind offen für neue Erfahrungen und neue Ideen (Kashdan & Steger, 2007). Unsere Ergebnisse zeigen, dass sich *neugierige Mitarbeitende* leichter inspirieren lassen, denn sie neigen dazu, ihre Umgebung zu erkunden, und sind offen für Prozess- und Produktneuerungen. Gerade Letzteres macht sie für inspirierende Einflüsse empfänglich. Wir gehen also davon aus, dass Neugierde die Inspirationsfähigkeit – und damit die Offenheit für inspirierende Einflüsse – fördert.

Gemäß den Forschungsergebnissen von Neumüller (2022) führt ein hohes Niveau an Mitarbeiterinspiration auch zu mehr *intrinsischer Motivation* bei Mitarbeitenden. Intrinsische Motivation bedeutet, dass

---

[1] Für forschungsinteressierte Leser*innen sei angemerkt, dass alle abhängigen Variablen des Modells auch einen positiven Einfluss auf Mitarbeiterinspiration haben. Auch wir gehen von einer Wechselwirkung aus, haben jedoch in diesem Abschnitt die Auswirkungen von Mitarbeiterinspiration in den Vordergrund gestellt.

Mitarbeitende Spaß an ihrer Arbeit haben (Gagné & Deci, 2005). Motivation hängt von der eigenen Willenskraft ab und treibt Menschen längerfristig an. Inspiration steigert das Wohlbefinden bei der Arbeit und das Empfinden von Freude (Meier et al., 2020), denn die Mitarbeitenden empfinden ihre Arbeit als sinnvoll, sinnstiftend und im Einklang mit ihren Zielen und fühlen sich somit intrinsisch motivierter.

Auch sind inspirierte Mitarbeitende *zufriedenere* Mitarbeitende. Mitarbeiterzufriedenheit beschreibt eine positive Arbeitseinstellung des Mitarbeiters gegenüber seinen Arbeitsbedingungen (z. B. bezüglich des Lohns oder den Kolleg*innen). Da Mitarbeiterinspiration mit der Umsetzung neuer Ideen und einer beruflichen Weiterentwicklung einhergeht, bewerten inspirierte Mitarbeitende ihre Arbeit positiver und zeigen ein höheres Maß an Zufriedenheit (Neumüller, 2022).

Die Ergebnisse zeigen, dass inspirierte Mitarbeitende auch *engagierter* bei der Arbeit sind, denn Inspiration sorgt dafür, dass sie sich ihren Zielen voller Tatendrang hingeben (Neumüller, 2022). Mitarbeiterinspiration ist nicht dasselbe wie Mitarbeiterengagement (Schaufeli et al., 2008), denn Engagement beschreibt aus der wissenschaftlichen Perspektive einen Zustand äußerster Konzentration und Versunkenheit. Auf was sich Mitarbeitende in diesem Zustand der Konzentration und der Hingabe fokussieren, wird von der Inspiration bestimmt, denn sie bringt uns auf neue Verhaltensweisen, Ziele und Ideen.

Wir sehen einen Zusammenhang zwischen dem Erleben von Inspiration und *psychologischem Empowerment,* d. h., sie erleben ihre Tätigkeit als sinnvoll, trauen sich ihre Aufgaben zu und entscheiden selbstbestimmt über ihre Arbeitsweise (Spreitzer, 1995). Inspiration bedeutet einen Moment der Klarheit und des Bewusstwerdens für eine neue Vision und Möglichkeiten. Fühlen sich Mitarbeitende inspiriert, so sehen sie einen Lösungsweg vor sich und nehmen sich als handlungsfähiger wahr, was ihre Wahrnehmung des psychologischen Empowerments stärkt (Neumüller, 2022).

Die Studienergebnisse von Neumüller (2022) zeigen weiter, dass inspirierte Mitarbeitende auch *kreativer* sind, denn sie äußern neue und nützliche Ideen, um Unternehmensziele zu erreichen (Oldham & Cummings, 1996). Sind Mitarbeitende inspiriert, so werden sie sich einer neuen, kreativen Idee bewusst und möchten diese in ein greifbares, kreatives Produkt umwandeln (inspired to).

Proaktivität umfasst Verhaltensweisen von Mitarbeitenden, die Veränderungen im Unternehmen antizipieren oder initiieren (Dachner et al., 2021; Griffin et al., 2007). Proaktive Mitarbeitende äußern beispielsweise konstruktive Verbesserungsvorschläge oder haben ein hohes Maß an Eigeninitiative. Da proaktive Mitarbeitende Veränderungsprozesse aktiv anstoßen und mittragen, sind sie in einem sich schnell ändernden Marktumfeld besonders gefragt. Die Forschungsergebnisse zeigen empirisch auf, dass Mitarbeiterinspiration zur Umsetzung neuer Ideen führt und damit die Proaktivität von Mitarbeitenden steigert (Neumüller, 2022).

2.4.2 Inspiration aus der Kundenperspektive

Während der Serviceinteraktion können Verkaufsmitarbeitende ihre Inspiration an ihre Kund*innen weitergeben und so die Kundenloyalität und das Ausgabeverhalten positiv beeinflussen. Laut Neumüller (2022) haben inspirierte Verkaufsmitarbeitende, verglichen zu zufriedenen Verkaufsmitarbeitenden einen weit positiveren Effekt auf Kund*innen und deren Inspiration, Servicezufriedenheit, Loyalität zum Handelsunternehmen, wahrgenommene Qualität der Service-Interaktion und das Ausgabeverhalten. Werden Kund*innen von inspirierten Mitarbeitenden bedient, so sind diese Kund*innen ebenfalls weitaus inspirierter, was sich auf deren Zufriedenheit als auch auf die Loyalität auswirkt – inspirierte Kund*innen kehren mit höherer Wahrscheinlichkeit zum Händler zurück (siehe Abb. 2.3).

Zugleich bemerkenswert ist die Erkenntnis, dass Mitarbeiterinspiration nicht automatisch zu höheren Ausgaben von Kund*innen führt. Vielmehr muss es der Mitarbeitende schaffen, seine Inspiration auf die Kund*innen zu übertragen. Damit also Mitarbeiterinspiration zu einer Umsatzsteigerung führt, müssen die Kund*innen für die inspirierenden Ideen von Mitarbeitenden offen sein und sich inspirieren lassen. Ist dies nicht der Fall und die Kund*innen fühlen sich beispielsweise durch die Produktvorschläge und Ideen des Mitarbeitenden

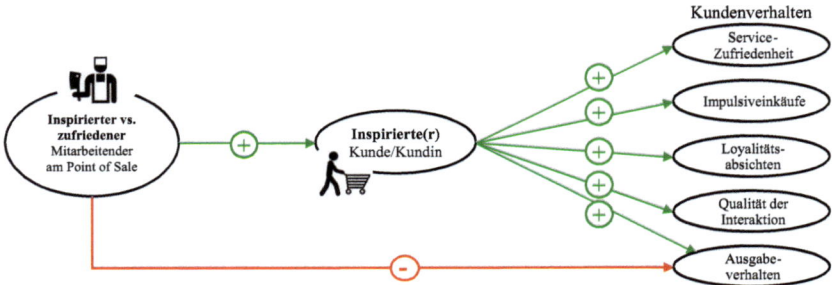

Abb. 2.3 Die Auswirkungen der Mitarbeiterinspiration auf die Kund*innen. (Quelle: Eigene Darstellung)

„überwältigt", so wirkt sich dies negativ auf das Ausgabeverhalten aus und die Kundschaft schreckt womöglich vor einem Zusatzkauf zurück. Stellen Sie sich vor, Sie wollen in einer Kaffeerösterei beim Vorbeigehen einen guten Kaffee kaufen, sind aber in Zeitnot. Sie betreten den Laden und ein inspirierter Mitarbeitender möchte Ihnen verschiedene Kaffeesorten und -variationen zeigen und Ihnen die Herstellung und Röstung erklären. Unter Zeitmangel sind Sie möglicherweise für die inspirierten Ausführungen des Mitarbeitenden nicht offen und fühlen sich von den Produktvorschlägen des Mitarbeitenden überwältigt, was Sie von zusätzlichen Käufen abhält. In diesem Falle bietet es sich für Dienstleistungsunternehmen an, ihre Mitarbeitenden, für die situativen und individuellen Bedürfnisse der Kund*innen beispielsweise durch Schulungen zu sensibilisieren (Delcourt et al., 2016; Wieseke et al., 2012).

3
Mitarbeitende inspirieren – aber wie?

> **Was Sie in diesem Kapitel erwartet**
>
> - Ein Stufenkonzept, das Unternehmen hilft, Mitarbeiterinspiration im Unternehmen zu steigern.
> - Ein Fragebogen, der Mitarbeiterinspiration misst und bestehende Ansätze zur Mitarbeiterzufriedenheits-Messung erweitert.
> - Einblicke in die Quellen der Mitarbeiterinspiration: Wie kann Mitarbeiterinspiration hervorgerufen werden? Welche sind die stärksten Inspirationsquellen?

Wie können Sie als Manager*in das Inspirationsniveau Ihrer Mitarbeitenden steigern? Zum einen können Sie die Inspirationsfähigkeit Ihrer Belegschaft steigern, indem Sie mithilfe unseres Stufenkonzeptes Inspirationsmaßnahmen entwickeln und umsetzen und so eine inspirierende Unternehmenskultur fördern.

Eine zweite ergänzende Möglichkeit besteht darin, Mitarbeitende, abhängig von ihrer Inspirationsfähigkeit, zu rekrutieren. Inspirationsfähigkeit ist eine Charaktereigenschaft und bedeutet, dass Mitarbeitende grundsätzlich für inspirierende Impulse aus ihrem Umfeld offen sind. Es gibt also Mitarbeitende, die generell eine höhere Inspirationsfähig-

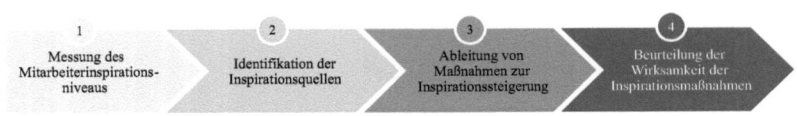

Abb. 3.1 Die Auswirkungen von Mitarbeiterinspiration. (Quelle: Eigene Darstellung)

keit haben als andere und damit auch tendenziell bei der Arbeit öfter als ihre Kolleg*innen Inspiration erleben. Das bedeutet, dass Unternehmen nicht nur Inspirationsmaßnahmen einsetzen sollten, um einen positiven Inspirationszustand bei Mitarbeitenden auszulösen, sondern Mitarbeitende auch nach ihrer Inspirationsfähigkeit einzustellen.

Basierend auf Neumüller (2022) bieten wir in diesem Teil ein praxisorientiertes Stufenkonzept zur Förderung von Mitarbeiterinspiration an. Mithilfe dieses Stufenkonzepts entwickeln Manager*innen systematisch Maßnahmen zur Stärkung von Mitarbeiterinspiration. Wir differenzieren zwischen zwei Zielgruppen: zum einen der bestehenden Belegschaft und zum anderen Bewerbern. Unsere Vorschläge zielen sowohl auf bestehende Mitarbeitende (Schritt 1 und 2) als auch auf künftige Mitarbeitende (Schritt 3) ab (Abb. 3.1).

3.1 Schritt 1: Messung des Mitarbeiterinspirationsniveaus

Gemäß der Leitidee von Peter Drucker „What gets measured gets done" sollten Unternehmen die Inspiration ihrer bestehenden Belegschaft messen und als Messgröße einführen. Wir schlagen vor, bestehende Mitarbeiterumfragen, um Fragen zur Mitarbeiterinspiration zu erweitern. Unsere neu entwickelte Mitarbeiterinspirationsskala, basierend auf Neumüller (2022) und Thrash und Elliot (2003), hilft Manager*innen dabei, das Niveau der Mitarbeiterinspiration durch sechs Fragen zu erheben (siehe Tab. 3.1). Die Abfrage kann durch weitere personalrelevante Zielgrößen, wie z. B. Mitarbeiterzufriedenheit, Mitarbeiterempowerment oder Mitarbeiterkreativität ergänzt werden.

3 Mitarbeitende inspirieren – aber wie?

Tab. 3.1 Statements zur Erhebung von Mitarbeiterinspiration. (Quelle: Neumüller, 2022; Thrash & Elliot, 2003)

Bitte geben Sie an, inwiefern Sie den folgenden Aussagen hinsichtlich Ihrer Arbeit zustimmen							
	Stimme überhaupt nicht zu					Stimme voll und ganz zu	
(1) Bei der Arbeit fühle ich mich inspiriert. (Zustand)	1	2	3	4	5	6	7
(2) Ich erfahre Inspiration bei der Arbeit. (Zustand)	1	2	3	4	5	6	7
(3) Beim Arbeiten werde ich oft inspiriert. (inspired-by)	1	2	3	4	5	6	7
(4) Ich komme unerwartet und spontan auf neue Ideen für meine Arbeit (inspired-by)	1	2	3	4	5	6	7
(5) Ich werde dazu inspiriert, jeden Tag mein Bestes zu geben. (inspired-to)	1	2	3	4	5	6	7
(6) Ich bin dazu inspiriert, meine Arbeit auf eine neue oder bessere Art zu machen (inspired to)	1	2	3	4	5	6	7

Vor der Mitarbeiterbefragung gilt es hierbei, zunächst eine Reihe von Fragen zu beantworten: Welche Mitarbeitenden sollen inspiriert werden? Welche Hierarchiestufe oder Unternehmenseinheit soll im Mittelpunkt der Erhebung stehen? Steht die Zentrale, die Logistikabteilung, der Kundendienst oder die Filiale im Mittelpunkt der Messung, weil dort die geplante Transformation stattfinden soll? Welche Organisationseinheit über den Erfolg einer Transformation entscheidet, ist von der jeweiligen Unternehmenssituation abhängig (London et al., 2021). Es macht beispielsweise keinen Sinn, Mitarbeitende auf der Verkaufsfläche zu befragen, wenn Veränderungen in erster Linie in der IT stattfinden müssen. Häufig sind mehrere Abteilungen von einer Transformation betroffen, beispielsweise, wenn das Serviceangebot eines Reifenhändlers den digitalen Kundenbedürfnissen angepasst werden soll. In diesem Fall braucht es inspirierte Mitarbeitende nicht nur in der Zentrale (Marketing, Geschäftsleitung, IT), sondern auch in der Händlerorganisation (Teams in den Verkaufsstellen sowie in der Regionalverkaufsleitung). Im Kern gilt es für die Auswahl der richtigen

Organisationseinheit die Frage zu beantworten, welche Abteilung(en) eine Transformation in erster Linie vorantreiben soll(en). In diesen Organisationseinheiten sollte eine Befragung zur Messung des Mitarbeiterinspirationsniveaus stattfinden (Argenti et al., 2021).

Abhängig vom konkreten Transformationsprojekt sind verschiedene Auswertungen möglich; beispielsweise auf Gesamtunternehmensebene, Abteilungsebene, Filialebene oder Teamebene. Ein Durchschnittsscore für das Unternehmen als Ganzes mag zwar einen ersten Eindruck liefern, lässt jedoch keine eindeutigen Schlussfolgerungen zu, ob ein Unternehmen für eine Transformation bereit ist. Vielmehr kommt es auf das Mitarbeiterinspirationsniveau der Abteilungen an, wo sich große Veränderungen manifestieren müssen. Um ein differenziertes Bild zu erhalten, ist demnach das Niveau der Mitarbeiterinspiration der verschiedenen Organisationseinheiten (z. B. der Mitarbeiterinspirationsscore der Filiale und der Zentrale) zu vergleichen. Liegt der Score zur Messung der Mitarbeiterinspiration einer Abteilung oder einer Organisationseinheit mit hohem Anpassungsbedarf tief, dann sollten Manager*innen Verbesserungsmaßnahmen für diese Abteilung planen.

> **Fokus: Handelsunternehmen**
>
> Ferner stellt sich die Frage, wie viele Hierarchiestufen zu befragen sind. Diese Frage stellt sich insbesondere bei Transformationen bei Handelsunternehmen, welche den Verkauf betreffen. Viele Handelsorganisationen charakterisiert eine hierarchische Verkaufsorganisation. Filialmitarbeitende werden von Verkaufsleitern, diese von Regionalverkaufsleitern und letztere von einer Verkaufsorganisation in der Zentrale geführt. Anpassungen bzw. große Veränderungen im Verkaufsangebot können in einer solchen mehrstufigen Verkaufsorganisation nur gelingen, wenn alle drei Hierarchieebenen miteinander arbeiten, weshalb alle drei Ebenen – Filiale, Regionalverkaufsleitung und Zentrale – an der Befragung teilnehmen sollten. Ein Vergleich des Mitarbeiterinspirationsniveaus zwischen diesen drei Hierarchieebenen kann Unternehmen helfen, mögliche Schwierigkeiten rechtzeitig zu erkennen.

Die Befragungsergebnisse zum Mitarbeiterinspirationsniveau sind in der Regel nur aus wenigen Organisationseinheiten für eine bevorstehende Transformation wichtig und daher kritisch. Wie bereits angedeutet, sollte die Erhebung sich auf Organisationseinheiten mit hoher Veränderungsnotwendigkeit konzentrieren. Leider lässt sich aber selten absehen, welche Organisationseinheit vom Wandel besonders betroffen ist. In unserer Zusammenarbeit mit Unternehmen haben wir schon öfter Überraschungen erlebt. Aufgrund dieser Unsicherheit empfehlen wir Unternehmen, das Mitarbeiterinspirationsniveau im Zuge der jährlich stattfindenden Mitarbeiterzufriedenheitsumfrage für alle Mitarbeitenden zu messen. Daraus ergeben sich drei wesentliche Vorteile. Erstens kann aus der Totalauswertung über alle Mitarbeitenden ein Score berechnet werden, der das Mitarbeiterinspirationsniveau für die gesamte Organisation und aller Organisationseinheiten angibt. Daraus lässt sich auch erkennen, wie gut die Voraussetzungen für agiles Handeln in den einzelnen Organisationseinheiten sind. Zweitens erkennt die Unternehmensleitung bei anstehenden Veränderungsprojekten, ob die betroffenen Organisationseinheiten genug Inspiration für Neues verspüren. Gezielte Maßnahmen können bei einem tiefen Niveau helfen, die Bereitschaft zu verbessern. Mit einer solchen Vollerhebung braucht es keine Ad-hoc-Erhebungen, was den dritten Vorteil darstellt.

Mindestanzahl der Teilnehmenden Wichtig bei dieser Befragung ist, dass jede Auswertungsgruppe eine Mindestanzahl von Teilnehmenden umfasst: Den Mitarbeiterinspirations-Score in einem Team von drei Mitarbeitenden zu erheben, macht aus Datenschutzgründen und pragmatischen Überlegungen wenig Sinn. Hier ist die Anzahl der befragten Mitarbeitenden zu gering. Wir empfehlen hier den in der Marktforschung bewährten Richtwert von mindestens fünf Personen pro Auswertungseinheit. Andernfalls sollten Abteilungen zusammengefasst werden, um das Inspirationsniveau einer Organisationseinheit zu berechnen. Auf der anderen Seite kann die Anzahl der Teilnehmenden auch zu hoch sein, beispielsweise wenn zu viele Abteilungen zusammengefasst werden, um geeignete Implikationen abzuleiten. Um die Anonymität der Teilnehmenden zu wahren und damit die Aussagekraft

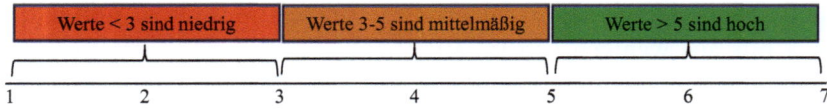

Abb. 3.2 Ampelsystem zur Einordnung des Mitarbeiterinspirationsniveaus. (Quelle: Eigene Darstellung)

der Ergebnisse zu steigern, empfehlen wir einen neutralen, externen Dienstleister für Markt- und Meinungsforschung heranzuziehen.

Ampelsystem zur Ergebnisdarstellung Wir schlagen für die Auswertung und Ergebnisdarstellung ein System vor, das leicht verständlich ist und jeder Mitarbeitende kennt (Pansari, 2016). Das jedermann bekannte Ampelsystem geht von drei unterschiedlichen Niveaus aus (Abb. 3.2). Werte tiefer als 3 gelten als niedrig und sollten in der Farbe Rot dargestellt werden. Ein Mittelwert zwischen 3 bis 5 erhält die Farbe Orange. Ein Mittelwert höher als 5 entspricht einer hohen Mitarbeiterinspiration und ist daher mit der Farbe Grün gleichzusetzen (Tjan, 2013).

Unser Messinstrument, bestehend aus sechs Statements, erlaubt eine Auswertung in zwei Richtungen, und zwar hinsichtlich der Inspirationsgenerierung und -umsetzung. Mit den Fragen 3 und 4 der Mitarbeiterinspirationsskala können Händler den *Score zur Inspirationsgenerierung* ihrer Mitarbeitenden messen. Ein niedriger Score deutet hier darauf hin, dass Mitarbeitende kaum Inspirationsquellen wahrnehmen, obwohl sie vielleicht dazu bereit wären, neue Ideen am Arbeitsplatz umzusetzen. Hier könnte es helfen, das Arbeitsumfeld anzupassen, um das empfundene Inspirationsniveau aus dem Arbeitsumfeld anzuheben. Mit den Fragen 5 und 6 der Mitarbeiterinspirationsskala können Unternehmen den *Score zur Umsetzungsbereitschaft* ihrer Mitarbeitenden messen. Ist dieser Score niedrig, so deutet das auf eine niedrige Umsetzungsbereitschaft hin oder auch fehlende Ressourcen (z. B. Zeit, Unterstützung, Feedback).

3.2 Schritt 2: Identifikation der Inspirationsquellen

Forschende haben verschiedene Inspirationsquellen im täglichen Leben untersucht. Unter Quelle verstehen wir Stimuli, von denen Inspiration ausgeht. Ein Künstler wird beispielsweise von einer beeindruckenden Landschaft inspiriert. Unter den bisher erforschten Inspirationsquellen befinden sich prominente Sportler wie Michael Jordan (Thrash et al., 2010), Poesie (Thrash et al., 2017), kreative Ideen (Thrash et al., 2010) und Ziele (Milyavskaya et al., 2012). Die Konsumentenforschung zeigt zudem, dass die Marketingmaßnahmen eines Unternehmens wie beispielsweise Werbung (Böttger et al., 2017; Chang, 2020; Winterich et al., 2019) Kund*innen inspirieren können. Die Führungs- und Organisationslehre haben zudem gezeigt, dass das Verhalten von Führungskräften (Bass, 1988) und Kolleg*innen (Watkins, 2020), Kunstwerken (An & Youn, 2018) und die Unternehmensvision (Grant & Hofmann, 2011; Larwood et al., 1995) wichtige Inspirationsquellen für Mitarbeitende sind.

In ihrer Forschung ergänzt Neumüller (2022) diese Quellen und zeigt auf, welche Quellen wie stark und wie oft die Mitarbeitenden inspirieren. Durch den Vergleich der verschiedenen Quellen der Mitarbeiterinspiration wird gezeigt, wo Unternehmen ansetzen können, um das Inspirationsniveau ihrer Mitarbeitenden zu steigern. Daher bieten diese Forschungsergebnisse eine wichtige Grundlage für die Entscheidungsfindung von Personalverantwortlichen und Führungspersönlichkeiten. Die Frage, wie häufig und intensiv Mitarbeitende von verschiedenen Quellen inspiriert werden, wird mit einer Befragung von 290 Mitarbeitenden in direktem Kundenkontakt aus der amerikanischen Einzelhandels- und Dienstleistungsbranche, beantwortet. Am Anfang baten wir die Teilnehmenden darum, einen inspirierenden Moment bei der Arbeit in zwei Sätzen zu beschreiben. Anschließend sollten sie angeben, wie häufig und intensiv sie von fünfzehn aufgelisteten Quellen bei der Arbeit inspiriert werden. Die Liste der Quellen basierte auf den qualitativen Interviews (siehe Abschn. 2.4) und ist in Tab. 3.2 dargestellt.

Tab. 3.2 Inspirationsquellen. (Quelle: Neumüller, 2022)

Inspirationsquellen	Durchschnitt	Standardabweichung
Persönliche Werte	5,32	1,60
Privatleben (z. B. Familie)	4,96	1,63
Kunden	4,65	1,76
KollegInnen	4,37	1,64
Produkte/Dienstleistungen des Unternehmens	3,99	1,83
Erfolg des Unternehmens	3,98	1,83
Direkter Vorgesetzter	3,81	1,87
Physische Ladenumgebung (Layout etc.)	3,81	1,80
Unternehmenswerte	3,78	1,85
Führungskraft	3,70	1,88
Unternehmensmarke	3,49	1,89
Ausbildung/Training	3,48	1,96
Unternehmensgeschichte	3,16	1,82
Rollenvorbild (z. B. Steve Jobs)	3,02	1,80
Soziale Medien/Technologien	2,60	1,72

Die Mittelwerte sind auf einer Skala von 1 = nicht inspirierend bis 7 = sehr inspirierend zu interpretieren. $N = 290$

Die quantitative Erhebung ergab, dass Mitarbeitende Inspiration aus verschiedenen Quellen schöpfen. Grundsätzlich zu unterscheiden sind arbeitsbezogene Quellen (z. B. Kolleg*innen, Kund*innen, Unternehmenswerte) und Quellen aus dem Privatleben (z. B. Familie, persönliche Werte). Die zweite Kategorie besitzt aus der Sicht vieler Führungskräfte einen schwachen Einfluss. Persönliche Werte und das Privatleben (z. B. Familie, Freund*innen) stellen für Mitarbeitende jedoch die stärksten Inspirationsquellen dar. Inspiration für ihre Arbeit sammeln Mitarbeitende somit häufig aus Ihrem privaten Lebensumfeld. Dazu zählen Freunde, Familie und auf Reisen gewonnene Ideen. Auch wirken Kund*innen und Kolleg*innen besonders inspirierend.

Eine weitere Überraschung für viele Führungskräfte besteht vermutlich in der Erkenntnis, dass direkte Vorgesetzte der befragten Mitarbeitenden einen deutlich schwächeren Einfluss auf die Inspiration ausüben. Nur wenigen Unternehmen gelingt es, über die Firmenwerte, die eigenen Produkte oder die Unternehmensgeschichte zu inspirieren, was sich an den tiefen Durchschnittswerten dieser Quellen ablesen lässt.

Persönliche Vorbilder aus dem Privatleben, aber auch soziale Medien haben auf die Inspiration im Berufsleben einen eher geringen Einfluss. Soziale Medien beeinflussen die Arbeitswelt kaum.

Die Ergebnisse liefern insgesamt Anregungen, geeignete Ansätze zur Mitarbeiterinspiration zu finden. Es bleibt jedoch zu beachten, dass Mitarbeitenden in Führungsfunktionen grundsätzlich ein höheres Inspirationsniveau verspüren. Mitarbeitende mit Führungsverantwortung lassen sich generell stärker inspirieren (Neumüller, 2022). So werden Mitarbeitende mit Führungsverantwortung signifikant stärker von den persönlichen Wertvorstellungen, den Produkten und Dienstleistungen ihres Unternehmens (z. B. Produktneuerscheinungen) sowie auch von persönlichen Vorbildern in ihrem erweiterten Arbeitsumfeld und sozialen Medien inspiriert (Abb. 3.3).

Die Ergebnisse zeigen: Mitarbeiterinspiration ist kein Selbstläufer. Das Privatleben und persönliche Einstellungen beeinflussen die wahrgenommene Mitarbeiterinspiration erheblich. Wir empfehlen Unternehmen, diese bis anhin als eher unwichtigen und kaum zu beeinflussenden Quellen stärker zu berücksichtigen. Vermutlich lassen diese Ergebnisse, welche wir im amerikanischen Einzelhandel erhoben haben, auch auf die Schweiz und andere deutschsprachige Länder übertragen. Der allgegenwärtige weltweite Wertewandel betrifft im Besonderen unsere Einstellung zur Arbeit. Work-Life-Balance fordert eine bessere Verzahnung zwischen Leben und Arbeit (Gallup, 2023a, b). Es ist nicht nur die Generation Z und Y, welche diese Forderung verstärkt vorbringen. Seit dem Abklingen der Pandemie arbeiten viele Mitarbeitende zu Hause, haben Ihr Arbeitspensum reduziert und gewichten damit Ihr Privatleben höher.

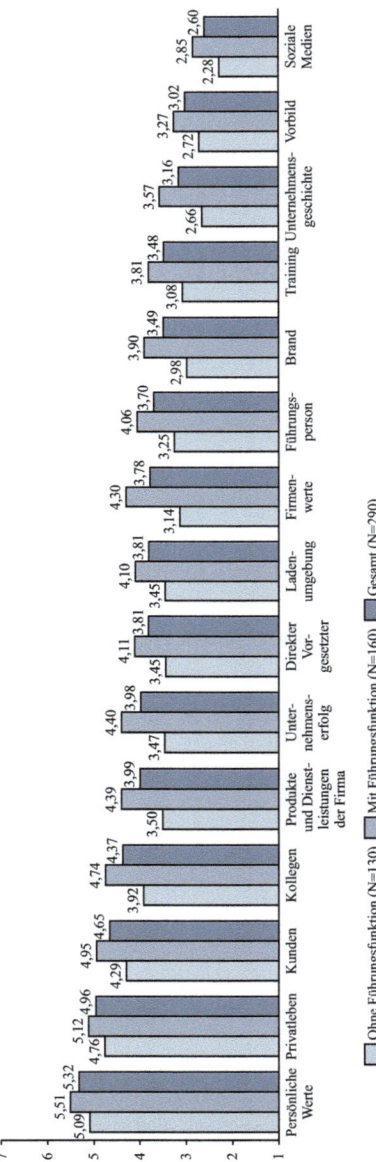

Abb. 3.3 Inspirationsquellen nach Führungsfunktion. Die Mittelwerte sind auf einer Skala von 1 = *nicht inspirierend* bis 7 = *sehr inspirierend* zu interpretieren. *N* = 290. (Quelle: Neumüller, 2022)

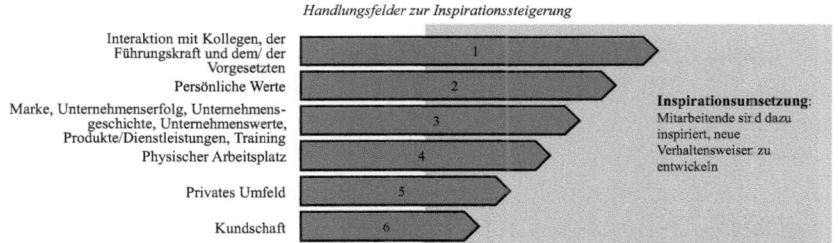

Abb. 3.4 Einfluss von sechs Handlungsfeldern auf Mitarbeiterinspiration. (Quelle: Eigene Darstellung)

3.3 Schritt 3: Ableitung von Maßnahmen zur Inspirationssteigerung

3.3.1 Handlungsfelder zur Steigerung der Mitarbeiterinspiration

Für Unternehmen stellt sich die Frage, welche Inspirationsquellen für die Arbeit zu beachten sind und welche Handlungsfelder sich in diesem Zusammenhang anbieten. Zur Beantwortung dieser Frage konnten wir die fünfzehn Quellen sechs praxisorientierten Handlungsfeldern zuordnen (Abb. 3.4).[1] Bevor wir die Ergebnisse vorstellen, beschreiben wir zunächst die sechs Handlungsfelder.

Handlungsfeld 1 bezieht sich auf die Zusammenarbeit mit Kolleg*innen, dem direkten Vorgesetzten und internen Führungskräften. Auch das angebotene Training im Unternehmen fällt in diese Kategorie. *Handlungsfeld 2* bezieht sich auf den Einfluss der persönlichen Werte, bzw. inwieweit diese mit den Unternehmenswerten übereinstimmen. *Handlungsfeld 3* umfasst unternehmensbezogene Inspirationsquellen wie beispielsweise Produkte, Dienstleistungen, die

---

[1] Wir untersuchten in einer dritten empirischen Studie bei 269 amerikanischen Einzelhandelsmitarbeitenden den Einfluss von sechs Handlungsfeldern, auf deren Einfluss, Verhaltensweisen am Arbeitsplatz zu verändern. Durchgeführt mit einem US-Amerikanischen Onlinepanel im Dezember 2019 (Neumüller, 2022).

Unternehmensmarke, die Unternehmensgeschichte, Unternehmenswerte und den bisherigen Unternehmenserfolg. *Handlungsfeld 4* bezieht sich auf die Arbeitsplatzgestaltung, das heißt die physische Ladenumgebung der Verkaufsmitarbeitenden (z. B. Schaufensterdekoration, Technologie am Point of Sale). *Handlungsfeld 5* erfasst Inspirationsquellen aus dem unmittelbaren privaten Umfeld von Mitarbeitenden. *Handlungsfeld 6* spricht die Schnittstelle zu Kund*innen und die Interaktion mit diesen an. Die Interaktion mit den Kolleg*innen (Rang 1) und die persönlichen Werte (Rang 2) haben nach dieser Regressionsanalyse den stärksten inspirativen Einfluss, um positive Verhaltensveränderungen bei Mitarbeitenden hervorzurufen, gefolgt vom Unternehmen (d. h. Werte, der Unternehmensvision etc.; Rang 3) und der physischen Arbeitsplatzumgebung. Interessant ist die Erkenntnis, dass Kund*innen und das private Umfeld auf Mitarbeitende zwar inspirativ wirken, diese jedoch zu keinen Verhaltensveränderungen am Arbeitsplatz führen. Vor dem Hintergrund unserer beiden empirischen Studien fassen wir abschließend die Konsequenzen für das Management zusammen und betten diese Erkenntnisse in den weiteren Forschungsrahmen der Betriebswirtschaftslehre ein.

> Erkenntnis 1: Die Interaktion mit Kolleg*innen und Vorgesetzten hat den stärksten Inspirationseinfluss auf die Arbeit von Mitarbeitenden. Ähnlich stark wirken persönliche Werte, die tendenziell als gegeben aufgefasst werden müssen.

Einerseits deuten die Ergebnisse darauf hin, mit einem guten Team, überzeugenden Führungskräften, starken Unternehmenswerten und guten Arbeitsbedingungen das Inspirationsniveau beeinflussen zu können (van Knippenberg, 2020). Unternehmen haben es daher zu einem großen Anteil selbst in der Hand, optimale Voraussetzungen für die Inspiration ihrer Mitarbeitenden zu schaffen. Andererseits warnt der hohe Einfluss von persönlichen Werten und dem privaten Umfeld vor zu viel Euphorie. Sprechen Persönlichkeitseigenschaften der Mitarbeitenden für ein konservatives Verhalten, das jedwede Veränderung als Gefahr einstuft, so laufen die Managementbemühungen ins Leere. Auf jeden Fall sollte sich das Management intensiver mit dem privaten Umfeld der Mitarbeitenden befassen. Dazu zählen heutzutage beispielsweise die Betreuung von Kindern, die Unterstützung bei finanziellen Engpässen oder die Überlastung durch Krankheit in der Familie (Modestino et al., 2021). Mit der Pandemie haben zudem Depressionen in unserer Gesellschaft und damit auch in der Arbeitswelt maßgeblich zugenommen (Mohler-Kuo et al., 2021). Unsere Ergebnisse legen Unternehmen nahe, die eigenen Möglichkeiten zu prüfen, um private Herausforderungen ihrer durch Unterstützungsangebote Mitarbeitenden zu reduzieren (Goh et al., 2015).

> **Erkenntnis 2:** Bei der Einstellung von Mitarbeitenden mit Transformationsbedeutung, sollte die Inspirationsfähigkeit als wichtiges Kriterium einbezogen werden.

Führungskräfte, aber auch Mitarbeitende in operativen Positionen, welche im Transformationsprozess neue Verhaltensweisen an den Tag legen müssen, sollten ein hohes Maß an Inspirationsfähigkeit mitbringen. Persönliche Werte haben einen hohen Einfluss auf die Inspirationsfähigkeit. Die Persönlichkeitspsychologie stellt seit vielen Jahren wirkungsvolle Persönlichkeitstests zur Verfügung, um die Fähigkeit für Verhaltensänderung zu messen (John, 2021; Zacher & Rudolph, 2021). Auch zum Schutz der Mitarbeitenden sind diese Überlegungen wichtig. Fehlt diese Fähigkeit, so empfinden Mitarbeitende schnell Überforderung. Aus den genannten Gründen empfehlen wir, bei der Auswahl von Teams, die eine Transformation vorantreiben sollen, aber auch bei der Einstellung von neuen Mitarbeitenden in Schlüsselpositionen der Transformation, auf die Inspirationsfähigkeit zu achten und diese gezielt zu überprüfen (Schaufenbuet, 2015). Vermutlich spielt die Branchenerfahrung und die in der Vergangenheit erzielten Erfolge im Unternehmen in der Praxis heute eine zu große Rolle – die Inspirationsfähigkeit wäre wichtiger. Inspirationsfähigkeit zeigt sich in der Offenheit einer Person gegenüber Veränderungen, im Interesse sich mit Veränderungen proaktiv auseinanderzusetzen und im Bewusstsein, neue Verhaltensweisen erlernen zu wollen (Lebel, 2016).

> Erkenntnis 3: Das Management kann nur beschränkt auf die Mitarbeiterinspiration Einfluss nehmen.

Bei all den Möglichkeiten, welche das Management zur Förderung von Mitarbeiterinspiration besitzt, müssen deren Grenzen beachtet werden. Wir haben die Möglichkeiten von Unternehmen zur Förderung von Mitarbeiterinspiration bereits angesprochen. Dazu zählen der Aufbau einer starken Unternehmenskultur, die Zusammensetzung leistungsfähiger Teams sowie optimale Arbeitsplatzbedingungen. Auch wenn diese Bemühungen inspirationsfördernd ausgestaltet werden, garantiert dies nicht ein hohes Inspirationsniveau unter Mitarbeitenden (Cui et al., 2020). Probleme im privaten Umfeld können diese Bemühungen sehr schnell torpedieren (Elahi et al., 2022). Herausragende Mitarbeitende, die den Transformationsprozess optimal vorangetrieben haben, verlieren bei Problemen im persönlichen Umfeld schnell an Wirkungskraft. Das kann passieren, auch wenn die Inspirationsfähigkeit zu Beginn des Projektes vorhanden war. Die Konsequenz besteht für Manager*innen darin, kontinuierlich Gespräche mit zentralen Mitarbeitenden im Transformationsprozess zu führen, um sich ein ganzheitliches Bild zu machen. Es darf dabei nicht nur um die fachliche Kompetenz gehen. Auch persönliche Herausforderungen sind in die Gespräche einzubeziehen.

Im nächsten Schritt konzentrieren wir uns auf Maßnahmen, welche das Management beeinflussen kann. Wir vertiefen damit Ansatzpunkte, welche sich in Studie drei bereits als relevant herausgestellt haben. Die Förderung von Mitarbeiterinspiration sollte dementsprechend die folgenden fünf Dimensionen berücksichtigen. Diese fünf Maßnahmen vermitteln erste Anregungen. Manager*innen sind aufgefordert, die für sie wichtigen Maßnahmen bei der Förderung von Mitarbeiterinspiration zu beachten (Abb. 3.5).

3.3.2 Wertebasierte Rekrutierung einführen

Um nachhaltig eine inspirierende Unternehmenskultur zu etablieren, sollte das Unternehmen zunächst die *richtigen* Mitarbeitenden

Abb. 3.5 Maßnahmen zur Steigerung der Mitarbeiterinspiration. (Quelle: Eigene Darstellung)

auswählen (van Vianen, 2000). Laut unseren Forschungsergebnissen ist die Werteeinstellung der Mitarbeitenden für das Erleben von Inspiration am Arbeitsplatz bedeutend. Dabei spielen die persönlichen Werte von Mitarbeitenden eine weit größere Rolle als beispielsweise die Unternehmenswerte. Um das Inspirationsniveau im Unternehmen zu steigern, sollten Unternehmen ihre Mitarbeitende – wie bereits angemerkt – nicht nur aufgrund ihrer fachlichen Fähigkeiten auswählen. Vielmehr sollte schon während des Einstellungsprozesses überprüft werden, inwiefern die persönlichen Werte der Bewerber mit den Unternehmenswerten übereinstimmen. Steht ein Unternehmen beispielsweise für Nachhaltigkeit, so gilt es diesen Wert auch bei Bewerbern überprüfen, indem sie fragen, inwiefern sich Bewerber damit identifizieren können. Darüber hinaus empfehlen wir, mit Hilfe von Persönlichkeitstests die Inspirationsfähigkeit von Bewerbenden anhand bestimmter Charaktereigenschaften zu prüfen. In diesem Zusammenhang spielen z. B. die Offenheit und das Interesse, neue Verhaltensweisen zu erlernen, eine große Rolle.

3.3.3 Mitarbeiterinspiration als Kennzahl im Unternehmen etablieren

Um Inspiration auf Unternehmensebene zu stärken, sollten Unternehmen das noch neue Thema der Mitarbeiterinspiration in das Bewusstsein der Belegschaft zu rücken (Kenny, 2021). Die Einführung einer Kennzahl, welche die Mitarbeiterinspiration pro Organisationseinheit zum Ausdruck bringt, fördert das Bewusstsein einer Organisation, Veränderungen proaktiv voranzutreiben. Damit kommt die Erwartungshaltung zum Ausdruck, dass sich Mitarbeitende aktiv in Veränderungsprozesse einbringen sollen. Mitarbeiterinspiration als Kennzahl beschreibt die Bereitschaft einer Organisation, Veränderungsprozesse vorantreiben zu wollen. Diese Kennzahl sollte einen größeren Stellenwert bei der internen Kommunikation erhalten. Führungskräften signalisiert diese Kennzahl die Notwendigkeit, darauf zu achten und in der Zukunft ein hohes Niveau zu erreichen. Durch die Aufnahme von Mitarbeiterinspiration als wichtige Kennzahl erkennen Mitarbeitende aller Hierarchieebenen die Bedeutung von Inspiration als ein Schlüsselelement ihrer Unternehmenskultur.

3.3.4 Unternehmenswerte als Quelle der Mitarbeiterinspiration weiterentwickeln

Die hohe Bedeutung einer guten Zusammenarbeit mit Kolleg*innen und Vorgesetzten sowie inspirationsfördernden Arbeitsbedingungen haben wir bereits zuvor angesprochen. In diesem Abschnitt befassen wir uns deshalb vertiefend mit den Unternehmenswerten. Unternehmen sollten nicht nur hinterfragen, inwiefern sich die Werte und Erwartungen ihrer Kund*innen (Sheth, 2020), sondern auch ihrer Mitarbeitenden weiterentwickeln. Vor dem Hintergrund des Klimawandels und der Covid-19-Pandemie sind viele Mitarbeitende für Nachhaltigkeit sensibilisiert und verlangen, dass ihr Arbeitgeber soziale Verantwortung übernimmt (Kohli et al., 2020; Strenze, 2021). Dementsprechend sollten Unternehmen zunehmend wichtigere gesellschaftliche Werte, wie soziale Verantwortung und Nachhaltigkeit, als Unternehmenswert stärken oder gar neu in das Unternehmensleitbild aufnehmen (Korschun et al., 2014). In diesem Zusammenhang hat die Schweizer Migros-Gruppe die Nachhaltigkeitsziele der Vereinten Nationen 2019 analysiert und in die Erarbeitung eines neuen Leistungsversprechens einfließen lassen (corporate.migros.ch/de/nachhaltigkeit/).

Um ihre Mitarbeitende nachhaltig zu inspirieren, sollten Unternehmen ihr Leistungsversprechen und die darin enthaltenen

Unternehmenswerte überdenken und diese ihren Mitarbeitenden überzeugend vermitteln. Einzigartige, klare und gut kommunizierte Unternehmenswerte sind besonders in turbulenten Zeiten für den Unternehmenserfolg wegweisend, weil sie Mitarbeitende dabei unterstützen, Ziele, Projekte und Aufgaben zu priorisieren (Rudolph & Schweizer, 2019). Ein sinnstiftendes, einzigartiges, verständliches und umsetzbares Leistungsversprechen, das von den Lehrlingen bis zum Kader hin bekannt ist, kann Mitarbeitenden Orientierung – vor allem in disruptiven Zeiten – vermitteln. Ein solches Leistungsversprechen zeigt auf, wohin sich ein Unternehmen entwickeln will und welches Ziel im Mittelpunkt von Veränderungsprozessen steht. Laut Rudolph und Schweizer meinen viele Unternehmen, ein inspirierendes Leistungsversprechen zu haben. Leider bestätigt sich dieser Eindruck selten. Ein überzeugendes Leistungsversprechen muss sechs Kriterien erfüllen. Es soll *sinnstiftend, einzigartig, fokussiert, verständlich, realisierbar und nach Möglichkeit jedem Mitarbeitenden bekannt sein. Ein Beispiel für die inspiratives Leistungsversprechen finden Sie nachfolgend.* Das Beispiel von IKEA zeigt, dass ein inspirierendes Leistungsversprechen Sinn stiften und den Kundennutzen zum Ausdruck bringen sollte. Der Kundennutzen sollte auf Dimensionen bzw. Ebenen zum Ausdruck kommen – der funktionalen, emotionalen und gesellschaftlichen Ebenen. IKEA verspricht qualitativ gute Möbel zu Tiefstpreisen (funktional), spricht alle Kund*innen mit „Du" an und verkauft Hotdogs für €1 (emotional) und übernimmt soziale Verantwortung durch den Secondhand-Service, bei welchem die Firma Möbel von Kund*innen zurückkauft (gesellschaftlicher Nutzen). Bei IKEA lautet das Leistungsversprechen, möglichst vielen Menschen ein schönes Zuhause zu bieten. Mitarbeitende erfahren von diesem einzigartigen und fokussierten Leistungsversprechen im Fahrstuhl, im Treppenhaus oder auch in den Pausenräumen.

3.3.5 Ideen- und Informationsaustausch pflegen

Ideenaustausch findet oftmals auf informeller Ebene statt (Koch & Denner, 2022). Jedoch sind spontane Zusammenkünfte und

Gespräche im hektischen Arbeitsalltag vieler operativen Berufe, beispielsweise im Einzelhandel, recht selten. Im Einzelhandel gibt es Früh- und Spätschichten (d. h. die Mitarbeitende kommen und gehen zu unterschiedlichen Zeiten), die Kasse muss immer besetzt sein und die Kundschaft hat zu jedem Zeitpunkt Vorrang gegenüber einem Gespräch mit Kolleg*innen. Eine Maßnahme zur Steigerung der Mitarbeiterinspiration durch Kolleg*innen könnte daher die häufigere Einberufung von Teammeetings sein. Wie unsere Gespräche mit vielen Mitarbeitenden in Filialen zeigen, kann sogar schon ein 10-minütiges, einmal wöchentlich durchgeführtes Meeting den Ideen- und Meinungsaustausch zwischen den Mitarbeitenden im Einzelhandel anregen. Die Mitarbeitende sollen sich sowohl über Berufliches (Warenpräsentationen, Verkaufstechniken etc.) als auch Privates (Werdegang) austauschen können und so Anregung für die Umsetzung neuer Ideen finden. Dies fördert wiederum ein gutes Teamklima. Zugleich signalisieren diese Meetings den Mitarbeitenden, dass Innovationsgeist und Inspirationsfähigkeit in der Unternehmung hochgeschätzte Werte darstellen.

Fühlen sich Mitarbeitende nicht dazu inspiriert, ihre Ideen intern mit Kolleg*innen und/oder Vorgesetzten zu teilen, so können auch interne Feedbackkanäle den Ideenaustausch unterstützen. Unternehmen können *vertikales,* d. h. zwischen Mitarbeitenden und deren Vorgesetzten, oder *horizontales* Feedback, d. h. zwischen Kolleg*innen, stärken (Huebner & Zacher, 2021). Funktionierende vertikale Informationskanäle fördern das Vertrauensverhältnis zwischen Mitarbeitenden und Vorgesetzten. So können Mitarbeitende beispielsweise das interne Vorschlagswesen nutzen, um ihre Anliegen und Ideen ihrem/ihrer Vorgesetzten zu kommunizieren. Zudem bieten Ideenwettbewerbe eine Möglichkeit, Mitarbeitende spielerisch zur Ideengenerierung zu motivieren. Dabei werden Mitarbeitende ermutigt, Ideen für Geschäftsinnovationen zu entwickeln und auf einer internen Plattform zu posten. *Horizontales* Feedback kann beispielsweise anhand eines 360-Grad-Feedbacks eingeholt werden (Steelman & Williams, 2019). Auch kann eine unternehmensinterne Kommunikationsplattform das Bestreben unterstützen, einen horizontalen Feedback-Kanal (beispielsweise mit einer Mitarbeiter-App) aufzubauen. Auf internen

Kommunikationsplattformen können Mitarbeitende Fotos ihrer umgesetzten Ideen (z. B. Produktpräsentationen oder Schaufensterdekorationen) posten. Dies kann Feedback von anderen Mitarbeitenden anregen oder diesen als Inspirationsquelle bei der Erstellung von Warenpräsentationen dienen.

3.3.6 Inspiration durch Arbeitsplatzgestaltung erhöhen

Damit eine Arbeitsaufgabe als inspirierend wahrgenommen wird, muss genügend Raum für Inspiration vorhanden sein. Es braucht ein Arbeitsumfeld, das die Entstehung von Inspiration zulässt und fördert. Kommt es beispielsweise zu detaillierten Anweisungen durch den Vorgesetzten, haben die Mitarbeitende kaum die Chance, eigene Entscheidungen zu fällen oder ihre Kreativität einzubringen (Mankins & Garton, 2017). Zur Steigerung der Mitarbeiterinspiration im Handel empfiehlt es sich also, den Mitarbeitenden bei ihren täglichen Routineaufgaben Freiraum einzuräumen (Zhang et al., 2022). In Verkaufsstellen schätzen es Mitarbeitende beispielsweise tendenziell sehr, wenn sie beim Einräumen der Regale nicht alles vorgeschrieben bekommen. Auf der anderen Seite kann zu viel Freiraum auch Verunsicherung auslösen. Im Austausch mit der Belegschaft lässt sich erkennen, welches Ausmaß an Autonomie inspirierend wirken kann.

3.4 Schritt 4: Beurteilung der Wirksamkeit von Inspirationsmaßnahmen

Im letzten Schritt gilt es zu überprüfen, ob die vorab definierten Ziele durch den Einsatz spezifischer Maßnahmen erreicht wurden. Dazu müssen die relevanten Größen vor und nach der Durchführung der Maßnahmen betrachtet werden. Die Überprüfung der Effektivität der Inspirationsmaßnahmen ist wie Fiebermessen. Sie sollte in regelmäßigen Abständen erfolgen – am besten einmal pro Jahr. Die Maßnahmen könnten auf positive sowie auch negative Resonanz bei der Belegschaft stoßen. Erhöhte Autonomie kann ein zweischneidiges Messer sein: Mehr Autonomie könnte dazu beitragen, dass Mitarbeitende inspiriert sind und sich selbst verwirklichen können. Auf der anderen Seite können einige Mitarbeitende ein höheres Maß an Autonomie als belastend empfinden, weil sie eigenständig Entscheidungen treffen und Verantwortung übernehmen müssen (Parish et al., 2008). Gerade in diesem Fall können Inspirationsmaßnahmen sogar Stress bei den Mitarbeitenden erzeugen. Mitarbeiterinspiration im gesamten Unternehmen einmal pro Jahr zu messen und zu analysieren, erlaubt es ihnen die Effektivität ihrer Maßnahmen zu optimieren.

Was Sie aus diesem *Science meets Practice* mitnehmen können

Angetrieben durch die Digitalisierung und den technologischen Fortschritt verlangt das wirtschaftliche Umfeld kontinuierliche Veränderungen und Veränderungsbereitschaft von Handelsunternehmen und ihren Mitarbeitenden. Der vorliegende *Science meets Practice*-Band verdeutlicht die Relevanz und das Potential der Mitarbeiterinspiration. Unternehmen sollten interne Veränderungsprozesse, sprich Transformationen, effektiver vorantreiben – sie müssen selbst zu „Disruptoren" werden. Innovationen entstehen jedoch nicht nur in den oberen Führungsetagen. Der vorgetragene Ansatz der Mitarbeiterinspiration liefert vor diesem Hintergrund wertvolle Anregungen. Mit Mitarbeiterinspiration kann es gelingen, die transformative Veränderungen in Unternehmen in die Wege zu leiten und die Transformationsbereitschaft der Mitarbeitenden dauerhaft zu fördern.

- Inspiration verfügt über drei Kerneigenschaften: Evokation, Transzendenz und Motivation. Wir können Inspiration nicht erzwingen, sondern sie wird spontan hervorgerufen – auch im Arbeitskontext. Inspiration beinhaltet eine Erkenntniserweiterung, oder Bewusstseinsschaffung, denn wir werden uns neuer Möglichkeiten, Chancen oder Ziele bewusst (Transzendenz). Inspiration wird durch eine Quelle in unserem Umfeld oder eine plötzlich zutage tretende Idee in uns erweckt *(Evokation)*. Inspiration hat auch eine stark *motivierende* Komponente, denn die inspirierende Idee oder Vision weckt in uns das Bedürfnis, Neues zu erschaffen.

- Werden Mitarbeitende inspiriert, so erfahren sie einen Zustand, bei dem sie von einer Quelle inspiriert werden (inspired-by), gefolgt von einem Zustand (inspired-to). Bei diesem zweiten Prozess werden sie zu etwas Neuem – einer Zielerreichung, einer neuen Handlungsweise, der Umsetzung einer neuen Idee – energetisiert.
- Mitarbeiterinspiration ist kein Selbstläufer. Sowohl Quellen innerhalb der Arbeit als auch außerhalb der Arbeit, wie beispielsweise persönliche Einstellungen und Werte, beeinflussen das Erleben von Inspiration.
- Mitarbeiterinspiration kann gesteigert werden, indem Unternehmen eine inspirierende Kultur schaffen. Eine zweite ergänzende Möglichkeit besteht darin, Mitarbeitende, abhängig von ihrer Inspirationsfähigkeit, zu rekrutieren.
- Es bleibt zu beachten, dass Inspiration unwillentlich passiert und nicht erzwungen werden kann, denn bei Inspiration handelt es sich um einen Zustand, den jeder einzelne Mitarbeitende individuell erlebt. Ob eine Vision, Person oder Idee den Mitarbeitenden inspiriert, hängt auch stark von dessen Neugierde und Inspirationsfähigkeit ab. Damit ist Inspiration nur bis zu einem gewissen Grad aus unternehmerischer Perspektive kontroll- oder förderbar.
- Gleichzeitig sollte Inspiration nicht mit „inspirativer Führung" verwechselt werden, denn diese nutzt Inspiration als Führungsinstrument. Diese Sichtweise lässt außen vor, dass Inspiration beim Empfänger nicht zwanghaft ausgelöst werden kann. Damit bietet Inspiration einen komplementären Ansatz zur bestehenden Mitarbeitermotivationsforschung, die sich auf Kontrolle, Anstrengung und dem Streben nach Zielen fokussiert. Jedoch erschließt sich die intrinsische Bedeutung vieler Dinge uns eben nicht unbedingt durch reine Anstrengung oder dem Streben danach, sondern ist als Akt des Glücks zu betrachten.

Literatur

An, D., & Youn, N. (2018). The inspirational power of arts on creativity. *Journal of Business Research, 85*, 467–475.

Argenti, P. A., Berman, J., Calsbeek, R., & Whitehouse, A. (2021). The secret behind successful corporate transformations. *Harvard Business Review*. https://hbr.org/2021/09/the-secret-behind-successful-corporate-transformations. Zugegriffen: 12. Okt. 2023.

Bain & Company. (9. November 2020). Bain Inspirational Leadership System. https://www.bainleadership.com/individual-application/. *Zugegriffen: 10. Febr. 2023.*

Bass, B. (1988). The inspirational processes of leadership. *Journal of Management Development, 7*(5), 21–31.

Beer, M., & Nohria, N. (2000). Cracking the code of change. *HBR's 10 must Reads on Change, 78*(3), 133–141.

Böttger, T., Rudolph, T., Evanschitzky, H., & Pfrang, T. (2017). Customer inspiration: Conceptualization, scale development, and validation. *Journal of Marketing, 81*(6), 116–131.

Bowen, D. E., & Schneider, B. (2014). A service climate synthesis and future research agenda. *Journal of Service Research, 17*(1), 5–22.

Chang, C. (2020). How branded videos can inspire consumers and benefit brands: Implications for consumers' subjective well-being. *Journal of Advertising, 6*(1), 1–20.

Cui, Y., Thrash, T. M., Shkeyrov, R., & Varga, P. J. (2020). Inspiration. *Encyclopedia of Creativity* (S. 660–666). Elsevier.

Dachner, A. M., Ellingson, J. E., Noe, R. A., & Saxton, B. M. (2021). The future of employee development. *Human Resource Management Review, 31*(2), 100732.

Darnell, D., & Markey, R. (2018). Net promoter for people: Give employees a voice, get their best. https://www.bain.com/insights/net-promoter-for-people/. Zugegriffen: 23. Febr. 2023.

Delcourt, C., Gremler, D. D., van Riel, A. C. R., & van Birgelen, M. J. H. (2016). Employee emotional competence. *Journal of Service Research, 19*(1), 72–87.

Elahi, N. S., Abid, G., Contreras, F., & Fernández, I. A. (2022). Work–family and family–work conflict and stress in times of COVID-19. *Frontiers in Psychology, 13*, 951149.

Gagné, M., & Deci, E. L. (2005). Self-determination theory and work motivation. *Journal of Organizational Behavior, 26*(4), 331–362.

Gallup. (2023a). *Germany engagement index 2022 report: State of the workplace in Germany.*

Gallup. (2023b). *State of the global workplace: 2023 report: The voice of the world's employees.*

George, J. M., & Zhou, J. (2001). When openness to experience and conscientiousness are related to creative behavior: An interactional approach. *Journal of Applied Psychology, 86*(3), 513–524.

Goh, Z., Ilies, R., & Wilson, K. S. (2015). Supportive supervisors improve employees' daily lives: The role supervisors play in the impact of daily workload on life satisfaction via work–family conflict. *Journal of Vocational Behavior, 89*, 65–73.

Grant, A. M. (2008). Does intrinsic motivation fuel the prosocial fire? Motivational synergy in predicting persistence, performance, and productivity. *The Journal of Applied Psychology, 93*(1), 48–58.

Grant, A. M., & Hofmann, D. (2011). Outsourcing inspiration: Outsourcing inspiration: The performance effects of ideological messages from leaders and beneficiaries. *Organizational Behavior and Human Decision Processes, 116*(2), 173–187.

Griffin, M. A., Neal, A., & Parker, S. K. (2007). A new model of work role performance: Positive behavior in uncertain and interdependent contexts. *Academy of Management Journal, 50*(2), 327–347.

Huebner, L.-A., & Zacher, H. (2021). Following up on employee surveys: A conceptual framework and systematic review. *Frontiers in Psychology, 12*, 801073.

Innerhofer, C., & Innerhofer, P. (2022). *Handlungsorientierte Führung: Motive und Ziele erfolgreich managen*. Springer.

John, O. P. (2021). History, measurement, and conceptual elaboration of the Big-Five trait taxonomy: The paradigm matures. *14625449*.

Kashdan, T., & Steger, M. F. (2007). Curiosity and pathways to well-being and meaning in life: Traits, states, and everyday behaviors. *Motivation and Emotion, 31*(3), 159–173.

Kaufman, S. B. (2011). Why inspiration matters. *Harvard Business Review*. https://hbr.org/2011/11/why-inspiration-matters. *Zugegriffen: 12. Okt. 2023.*

Kenny, G. (2021). KPIs aren't just about assessing past performance. *Harvard Business Review.* https://hbr.org/2021/09/kpis-arent-just-about-assessing-past-performance. Zugegriffen: 12. Okt. 2023.

Koch, T., & Denner, N. (2022). Informal communication in organizations: Work time wasted at the water-cooler or crucial exchange among co-workers? *Corporate Communications: An International Journal, 27*(3), 494–508.

Kohli, S., Timelin, B., Fabius, V., & Veranen, S. M. (2020). How COVID-19 is changing consumer behavior–now and forever. *McKinsey & Company,* 1–2.

Korschun, D., Bhattacharya, C. B., & Swain, S. D. (2014). Corporate social responsibility, customer orientation, and the job performance of frontline employees. *Journal of Marketing, 78*(3), 20–37.

Larwood, L., Falbe, C. M., Kriger, M. P., & Miesing, P. (1995). Structure and meaning of organizational vision. *Academy of Management Journal, 38*(3), 740–769.

Leavitt, J. (1997). *Poetry and prophecy: The anthropology of inspiration*. University of Michigan Press.

Lebel, R. D. (2016). Overcoming the fear factor: How perceptions of supervisor openness lead employees to speak up when fearing external threat. *Organizational Behavior and Human Decision Processes, 135*, 10–21.

Locke, E. A., & Latham, G. P. (1990). *A theory of goal setting & task performance*. Prentice Hall.

London, L., Madner, S., & Skerritt, D. (2021). How many people are really needed in a transformation? McKinsey & Company. https://www.mckinsey.

com/capabilities/transformation/our-insights/how-many-people-are-really-needed-in-a-transformation. Zugegriffen: 8. Aug. 2023.

Mankins, M., & Garton, E. (2017). How Spotify balances employee autonomy and accountability. *Harvard Business Review, 95*(1).

Meier, A., Gilbert, A., Börner, S., & Possler, D. (2020). Instagram inspiration: How upward comparison on social network sites can contribute to well-being. *Journal of Communication, 70*(5), 721–743.

Milyavskaya, M., Ianakieva, I., Foxen-Craft, E., Colantuoni, A., & Koestner, R. (2012). Inspired to get there: The effects of trait and goal inspiration on goal progress. *Personality and Individual Differences, 52*(1), 56–60.

Modestino, A. S., Ladge, J. J., Swartz, A., & Lincoln, A. (2021). Childcare is a business issue. *Harvard Business Review.* https://hbr.org/2021/04/childcare-is-a-business-issue. Zugegriffen: 12. Okt. 2023.

Mohler-Kuo, M., Dzemaili, S., Foster, S., Werlen, L., & Walitza, S. (2021). Stress and mental health among children/adolescents, their parents, and young adults during the first COVID-19 lockdown in Switzerland. *International Journal of Environmental Research and Public Health, 18*(9), 4668.

Nair, L., Dalton, N., Hull, P., & Kerr, W. (2022). Use purpose to transform your workplace unilever's values-based approach to difficult talent decisions. *Harvard Business Review, 100*(3–4), 52–55.

Neumüller, K. (2022). *Frontline employee inspiration in retailing – Conceptualization, scale development, sources, and customer outcomes.* Doctoral dissertation, Universität St. Gallen.

Ng, T. W. H., Hsu, D. Y., & Parker, S. K. (2021). Received respect and constructive voice: The roles of proactive motivation and perspective taking. *Journal of Management, 47*(2), 399–429.

Oldham, G. R., & Cummings, A. (1996). Employee creativity: Personal and contextual factors at work. *Academy of Management Journal, 39*(3), 607–634.

Oleynick, V. C., Thrash, T. M., LeFew, M. C., Moldovan, E. G., & Kieffaber, P. D. (2014). The scientific study of inspiration in the creative process: Challenges and opportunities. *Frontiers in Human Neuroscience, 8*, 1–8.

Pansari, A. (2016). *A road to engagement.* Thesis, Georgia State University. https://doi.org/10.57709/8858986.

Parish, J. T., Berry, L. L., & Lam, S. Y. (2008). The effect of the servicescape on service workers. *Journal of Service Research, 10*(3), 220–238.

Peretz, N. (2021). Five ways to cultivate inspiration and thrive in your business. https://www.forbes.com/sites/forbescoachescouncil/2021/11/29/

five-ways-to-cultivate-inspiration-and-thrive-in-your-business/. Zugegriffen: 8. Aug. 2023.

Reese, A. L., Schaefer, S., Fedler, M., & Kercher, V. (2023). Dream BIG! The power of inspiring employees to pursue their dreams. *Human Service Organizations: Management, Leadership & Governance*, 1–10.

Rudolph, T., & Schweizer, M. (2019). *High 5: Erfolgreiche Geschäftsmodelltransformation in disruptiven Zeiten* (2. Aufl.). Universität St. Gallen, Forschungszentrum für Handelsmanagement.

Ryan, R. M., & Deci, E. L. (2000). Self-determination theory and the facilitation of intrinsic motivation, social development, and well-being. *American Psychologist, 55*(1), 68–78.

Schaufeli, W., Leiter, M., & Taris, T. (2008). Work engagement: An emerging concept in occupational health psychology. *Work and Stress, 22*(3), 187–200.

Schaufenbuet, K. (2015). Why Google, Target, and General Mills are investing in mindfulness. *Harvard Business Review*. https://hbr.org/2015/12/why-google-target-and-general-mills-are-investing-in-mindfulness. Zugegriffen: 12. Okt. 2023.

Sheth, J. (2020). Impact of Covid-19 on consumer behavior: Will the old habits return or die? *Journal of Business Research, 117*, 280–283.

Shiota, M. N., Thrash, T. M., Danvers, A. F., & Dombrowski, J. T. (2014). Transcending the self: Awe, elevation, and inspiration. In M. M. Tugade, M. N. Shiota, & L. D. Kirby (Hrsg.), *Handbook of positive emotions* (S. 362–377). Guilford Press.

Souitaris, V., Zerbinati, S., & Al-Laham, A. (2007). Do entrepreneurship programmes raise entrepreneurial intention of science and engineering students? The effect of learning, inspiration and resources. *Journal of Business Venturing, 22*(4), 566–591.

Spreitzer, G. (1995). Psychological empowerment in the workplace: Dimensions, measurement, and validation. *Academy of Management Journal, 38*(5), 1442–1465.

Steelman, L. A., & Williams, J. R. (2019). *Feedback at work*. Springer.

Straume, L. V., & Vitterso, J. (2012). Happiness, inspiration and the fully functioning person: Separating hedonic and eudaimonic well-being in the workplace. *The Journal of Positive Psychology, 7*(5), 387–398.

Strenze, T. (2021). Value change in the Western world: The rise of materialism, post-materialism or both? *International Review of Sociology, 31*(3), 536–553.

Thrash, T. M. (2020). The creation and curation of all things worthy: Inspiration as vital force in persons and cultures. *Advances in Motivation Science*, 2–20.

Thrash, T. M., & Elliot, A. J. (2003). Inspiration as a psychological construct. *Journal of Personality and Social Psychology, 84*(4), 871–889.

Thrash, T. M., Elliot, A. J., Maruskin, L. A., & Cassidy, S. E. (2010a). Inspiration and the promotion of well-being: Tests of causality and mediation. *Journal of Personality and Social Psychology, 98*(3), 488–506.

Thrash, T. M., Maruskin, L. A., Cassidy, S. E., Fryer, J. W., & Ryan, R. M. (2010b). Mediating between the muse and the masses: Inspiration and the actualization of creative ideas. *Journal of Personality and Social Psychology, 98*(3), 469–487.

Thrash, T. M., Maruskin, L. A., Moldovan, E. G., Oleynick, V. C., & Belzak, W. C. (2017). Writer-Reader contagion of inspiration and related states: Conditional process analyses within a cross-classified writer × reader framework. *Journal of Personality and Social Psychology, 113*(3), 466–491.

Tjan, A. K. (2013). Make priorities clear with green, yellow, and red. https://hbr.org/2013/04/winning-with-green-yellow-and#:~:text=The%20easier%20something%20is%20to,%2Dout%2C%20and%20red%20alert.

van Knippenberg, D. (2020). Meaning-based leadership. *Organizational Psychology Review, 10*(1), 6–28.

van Vianen, A. E. M. (2000). Person-Organization fit: The match between newcomers' and recruiters' preferences for organizational cultures. *Personnel Psychology, 53*(1), 113–149.

Watkins, T. (2020). Workplace interpersonal capitalization: employee reactions to coworker positive event disclosures. *Academy of Management Journal, 64*(2), 2–22.

Wieseke, J., Geigenmüller, A., & Kraus, F. (2012). On the role of empathy in customer-employee interactions. *Journal of Service Research, 15*(3), 316–331.

Winterich, K. P., Nenkov, G. Y., & Gonzales, G. E. (2019). Knowing what it makes: How product transformation salience increases recycling. *Journal of Marketing, 83*(4), 21–37.

Wollmann, P. (2023). Gestaltung und Wirkung von Interventionen in Veränderungsprozessen. In P. Wollmann, F. Kühn, & M. Kempf (Hrsg.), *Drei Säulen der Organisation und Führung in turbulenten Zeiten: Navigieren Sie Ihr Unternehmen erfolgreich durch die Geschäftswelt des 21. Jahrhunderts* (S. 123–134). Springer.

Xia, W., & Wai Li, L. M. (2022). When and how to share? The role of inspiration. *The Journal of Social Psychology*, 1–15.

Zacher, H., & Rudolph, C. W. (2021). Big five traits as predictors of perceived stressfulness of the COVID-19 pandemic. *Personality and Individual Differences, 175*, 110694.

Zhang, Y., Zhang, J., Gu, J., & Tse, H. H. M. (2022). Employee radical creativity: The roles of supervisor autonomy support and employee intrinsic work goal orientation. *Innovation, 24*(2), 272–289.

 springer-gabler.de

Science meets Practice
Marko Sarstedt *Hrsg.*

Marko Sarstedt · Bernhard Wecke

Skalierung von KI im Marketing und die neue Rolle des CMO

DEUTSCHER MARKETING VERBAND

MOREMEDIA ▶ Springer Gabler

Jetzt bestellen:
link.springer.com/978-3-658-37863-9

springer-gabler.de

Science meets Practice
Marko Sarstedt *Hrsg.*

Marko Sarstedt · Monika Imschloss
Susanne Adler

Multisensorisches Design von Verkaufsumgebungen

Sehen, Hören, Riechen

Jetzt bestellen:
link.springer.com/978-3-658-38244-5

MIX
Papier aus verantwortungsvollen Quellen
Paper from responsible sources
FSC® C105338

If you have any concerns about our products,
you can contact us on
ProductSafety@springernature.com

In case Publisher is established outside the EU,
the EU authorized representative is:
**Springer Nature Customer Service Center GmbH
Europaplatz 3, 69115 Heidelberg, Germany**

Printed by Libri Plureos GmbH
in Hamburg, Germany